个人品牌进阶丛书

一人公司生存手册
打造长期复利的超级个体

墨墨子 著

清华大学出版社
北京

本书封面贴有清华大学出版社防伪标签，无标签者不得销售。
版权所有，侵权必究。举报：010-62782989，beiqinquan@tup.tsinghua.edu.cn。

图书在版编目（CIP）数据

一人公司生存手册：打造长期复利的超级个体 / 墨墨子著. --北京：清华大学出版社, 2025.3. -- (个人品牌进阶丛书). -- ISBN 978-7-302-68733-7

Ⅰ. F272

中国国家版本馆 CIP 数据核字第 20250CH276 号

责任编辑：顾　强
封面设计：方加青
版式设计：张　姿
责任校对：王荣静
责任印制：刘　菲

出版发行：清华大学出版社
网　　址：https://www.tup.com.cn，https://www.wqxuetang.com
地　　址：北京清华大学学研大厦 A 座　　邮　编：100084
社 总 机：010-83470000　　邮　购：010-62786544
投稿与读者服务：010-62776969, c-service@tup.tsinghua.edu.cn
质 量 反 馈：010-62772015, zhiliang@tup.tsinghua.edu.cn
印 装 者：三河市东方印刷有限公司
经　　销：全国新华书店
开　　本：148mm×210mm　　印　张：8　　字　数：200 千字
版　　次：2025 年 5 月第 1 版　　印　次：2025 年 5 月第 1 次印刷
定　　价：59.80 元

产品编号：108288-01

序言
我们才是自己人生的 CEO

打开这本书前，或许你——

➢ 刚刚加完班，正在和朋友吐槽："太痛苦了！这个班真是一天都不想上！我要辞职！"

➢ 不久前刚刚经历失业、裁员、降薪危机，站在人生的十字路口，不知道该何去何从；

➢ 被迫在"996"中卷生卷死，喜提一身的职业病和"不会快乐综合征"，想逃又不敢逃；

➢ 每天机械、重复地做着不喜欢的工作，想着一眼就能望到天花板的未来，惆怅迷茫；

➢ 在各大招聘网站上来回切换，投了很多简历，但几乎都石沉大海，"上岸"无望；

➢ 全职在家带娃很多年，感觉和社会脱节了，内心充满焦虑、恐慌，不知道如何"自救"；

……

这是很多人经历过或正在经历的真实生活碎片。

上班痛苦，被迫失业、无班可上更痛苦。但你想过吗，真正让人痛苦的，可能并不是上班或不上班本身，而是无法自主选择上不上班。

对于上班、找工作这些事，大多数人的状态是：被迫选择或被选择。在亲友的建议下，被迫选择一份不喜欢但相对稳定的好工作；在干瘪的面包和广阔的自由中，为生存被迫选择面包；在自己的工作岗位上，兢兢业业、努力工作，却被时代滚滚车轮无情抛下，被迫失业；

在求职市场上，一直被筛选、被挑选……

上述种种，可能有朋友会说："没办法，这就是普通人的生活！我们没得选！"

普通人真的没办法自由、自主选择自己想要的生活、工作吗？

回答这个问题之前，我想给大家分享一段我自己的故事。

一个贫困山区女孩的不上班之路

我是出生在云南偏远贫困山区的少数民族农村女孩，家中世代务农。12岁，我第一次走出大山到县城求学，因为"山里娃"的身份遭遇了严重的校园欺凌，那时自卑、抑郁的我曾一度想放弃自己。在经历漫长的自我挣扎、救赎后，高考我只勉强考上一所普通一本院校，读了新闻系。

既没有家庭托举，也没有亮眼的学历背景，自身没有任何一技之长，学的又是很多人不看好的文科专业。以这样的开局，按世俗的标准，我最好的出路大概是——回到户籍所在的小县城，努力备考当一名老师，或在融媒体中心当个没编制的临时工；再或者我会进入一家不大不小的企业，成为一个终日"搬砖"不得闲的打工人……

总而言之，以我这样的条件，世俗标准里可供选择的"好工作"本就不多。

20年前，如果你身边有一个和我一样的朋友，她告诉你："我的梦想是只工作不上班，成为一名畅销书作家，开一家书店，养一只狗……靠写字体面而优雅地活着。"

你的反应大概也是——嘴上真诚祝愿，内心直呼痴人说梦！

现在，我想告诉你，痴人不仅能说梦，也能圆梦。

从20年前说出梦想会被嘲弄的农村女孩，到如今裸辞、独立工作8年。32岁的我成功走出了青春期那场漫长的校园欺凌，完成了年少时出书、开店、只工作不上班的梦想，把自己的兴趣爱好成功变成了事业，经营着一间能让我丰衣足食的小公司……32岁的我，正在无限接近年少时自己理想中的生活、工作状态。

分享我的故事是想肯定地告诉大家：即便生活有千般不如意，我们依旧有选择自己想要什么、不要什么的权利。只要不主动让渡自己对人生的控制权，把自己从找份好工作、给老板打工的思维枷锁中挣脱出来，养成"自己为自己工作"的独立工作思维，学会用经营公司的方式去经营自己，把自己打造成一家拥有无限商业价值的一人公司，我们就能按自己的意愿一点点接近自己想要的生活。

一个人活成一家无限"公司"

养成独立工作思维，把自己当作一家公司去经营，是普通人对抗不确定时代，挣脱被筛选、被选择命运，解锁多元、自主人生的更优解法。这是我自己经历裸辞当自由职业者的焦虑迷茫，实体创业的真金白银试错，接触了上百个优秀的超级商业个体后，收获的成长感悟，也是我写这本书的目的。

我们身处一个一切未知和不可预见的时代，各行各业每天都有颠覆性变革在发生，在这样的时代背景下，越来越多人意识到：所谓的"铁饭碗"工作正在一点点消失，未来没有稳定的工作，也没有稳定的行业，唯一确定且可控的只有我们自己。因此，经营管理好自己，让自己拥有应对变革、对抗不确定风险的能力，是我们每个人需要直面的人生课题。

当我们学会把自己当作一家公司来经营，以自己为自己工作的态度去面对工作、生活，那么我们不论是在公司上班，还是自主创业；不管是一边上班一边做副业，还是不上班、做自由职业者，都会主动去探索个人商业获利的更多可能。同时，我们面对工作的态度，也会从混日子、应付老板，转变为"为自己的未来储值，给自己的能力打工"。

解锁工作自由的路径找到了，具体如何去实践落地呢？

本书我们将从思维转变开始，从 0 到 1 探讨普通人如何通过打造一人公司，找到适合自己的个人商业模式，成功开启人生事业，实现不上班、工作自由。本书一共有六章，每章的主要内容及对应解决的主要问题如下。

第一章：思维转变。本章聚焦当下很多人不想上班，感到上班痛苦，但不上班又感到焦虑、没安全感的时代困境，讨论普通人如何通过转变工作思维，改变行动路径，跳出时代困境，为打造一人公司做好心理和能力准备。

第二章：产品定位。本章重点解决个人商业获利过程中，如何构建个人商业模式，以及如何确定自己的获利方向和获利产品的问题。

第三章：客户渠道。本章重点解决"客从何来"的问题，详细探讨一人公司创业者如何获取自己的第一批客户，如何利用各种渠道低成本引流、获客、拓客，扩大客户资源。

第四章：个人品牌。本章重点探讨一人公司创业者如何通过打造个人 IP，扩大自己的个人影响力，提升自己的商业价值，为自己创造更多财富。

第五章：销售转化。本章主要解决如何把自己的产品、服务卖出去，获得报酬和收益，实现一人公司真正意义上的商业盈利。

第六章：突围破局。本章聚焦个人商业获利过程中，可能遇到的金钱卡点、收入增长瓶颈、个人能力限制、成本支出不对等、没有团队支持等实际问题，探讨突围破局的方法。

全书六章，共同构成一套完整的个人商业获利落地方案。书中的方法和理论，均经由作者本人和其他超级商业个体实践验证。本书每章之间既相互联系，又相对独立，各位可以从头开始阅读这本书，也可以根据自己当下的需求，优先去阅读相应的章节。

目 录

第一章 思维转变：做好独立工作的准备

一、如果不上班，你计划怎么活 ………………………………… 3
二、带给你安全感的，从来不是上班 …………………………… 7
三、明确打工主线任务：偷师练技 ……………………………… 11
四、从"打工思维"到"独立工作思维"的转变 ……………… 15
五、独立工作者成长路径 ………………………………………… 20
六、独立工作终点：开创一人公司 ……………………………… 25
七、一人公司发展的四个阶段 …………………………………… 30

第二章 产品定位：找到自己的获利方式

一、画出人生第一张"个人商业画布" ………………………… 35
二、MVP 原则：五步设计出获利产品 …………………………… 42
三、常见九大"个人商业产品模型" …………………………… 48

第三章 客户渠道：精准捕获潜在客户

一、第一批种子客户的开发 ……………………………………… 97
二、借助自媒体，扩大客户渠道 ………………………………… 108
三、自建养鱼塘，扩大基础流量 ………………………………… 119

第四章　个人品牌：打造个人 IP，启动财富加速器

一、超级个体时代，人人都要有个人品牌 ·················· 135

二、三步定位法：找到自己的高价值定位 ·················· 140

三、优势发掘：找到自己隐藏的赚钱天赋 ·················· 145

四、与众不同：打造差异化的三个锦囊 ···················· 153

五、人设打造：做完美人设，不如做信任背书 ·············· 159

六、品牌故事：手把手教你讲好高价值故事 ················ 164

七、爆款输出：爆款内容的四大底层逻辑 ·················· 171

第五章　销售转化：用户持续付费的理由

一、万能成交公式：AITDA 模型 ·························· 179

二、促进用户付费的动机因素 ···························· 184

三、给客户一个立马下单的理由 ·························· 191

四、"卖爆"技能、知识类产品 ···························· 194

五、把"羊毛"用户转化为付费用户 ······················ 198

六、促进成交的六大心理学效应 ·························· 201

第六章　突围破局：跨越财富增长瓶颈

一、打通财富卡点，突破收入瓶颈 ························ 209

二、独立工作者需要的四大进阶能力 ······················ 225

三、不轻易扩大一人公司的规模 ·························· 241

四、低成本运营一家持续获利的公司 ······················ 245

第一章

思维转变：
做好独立工作的准备

无论是出于对自由生活的向往，还是出于对抗失业风险的准备，做好不上班、独立工作的准备已经成为当下许多人的共识。

　　说到独立工作、不上班，大家脑海中可能会第一时间出现创业当老板、做自媒体、当自由职业者这些选项。这些的确是实现不上班、独立工作的常见路径。然而，现实中创业"九死一生"，普通人的自媒体变现之路困难重重，自由职业的身后也并不全是大家想象中的人生旷野和田园牧歌，还可能是无尽的忙碌和迷茫。普通人不上班的出路究竟在何处？

　　本章以"如果不上班，你计划怎么活"为切入点，从真实生活出发，聚焦讨论适合大多数普通人的不上班出路。前四节内容会重点讨论如何摆脱打工思维，跳出"上班不开心，不上班焦虑不安"的困境，实现思想、行动转变，为不上班、独立工作做好准备。后三节的内容，笔者会结合自身经历，对独立工作者的成长路径和每个阶段的注意事项进行清晰描摹，帮助大家降低探索过程中的试错成本，早日抵达独立工作者的终点站，成功创建属于自己的一人公司。

一、如果不上班，你计划怎么活

2017 年 4 月，我从之前一家公司离职，从此开启了一段"不上班"的独立工作之路。在过去 2000 多个不用朝九晚五坐班的日子里，我时常听到有朋友说："真羡慕你，可以只工作不上班，自由掌控自己的时间。"也有很多朋友通过各式各样的渠道联系我，想同我聊聊诸如"上班很烦，要不要裸辞""怎么成为自由职业者""如何才能不上班"之类的问题。

有时面对那些"厌班躁动"，恨不得下一秒就"离职暴走"的朋友，我会反问他们这样一个问题："如果不上班，你计划怎么活？"这时，屏幕的另一端会立马从"暴走输出"模式切换为"寂静"模式。短暂静默后，他们会说——

"不知道，没想好呢！但肯定是不想上班了！"

"去云南，去大理——去看看风花雪月，苍山洱海，或者去阿勒泰……"

"先在家躺平一段时间，好好睡睡觉，休息休息。"

"做什么都好，只要可以不上班。"

……

除了以上这些答案，"创业""做媒体""开个咖啡店"也是会被高频提及的"不上班退路"。2023 年年底，我刚好碰到一个准备裸辞做自媒体的朋友，我问她："你想好拍什么内容，怎么获利了吗？"她摇摇头表示：还没想好，先走一步看一步。

不想上班，只想辞职，但没想好不上班要怎么活，这是当下很多职场人正在面临的难题。打开这本书的各位，或许也正在经历此难题，看这本书的目的也是希望能从中寻觅到一星半点的肯定答案。翻开本书，我们确实会开启一段探索多元人生、解锁不上班活法的旅程，但在这段旅程的开始，我想**先撕掉部分朋友对"不上班生活"的滤镜，**

3

带大家看到更接近真实状态的"旷野人生"。

● **第一，看苍山雪、观洱海月，都挺"贵"的。**

我说的"贵"，不是指旅居、食宿方面的开支贵，虽然这些开支确实也不便宜，但比这些开支更加昂贵的，是藏在风花雪月、田园牧歌背后的"自由"代价。

大家可能经常会在自媒体上看到类似"宅家月入过×万（元）""不上班月入×万（元）"的帖子，从而对只工作不上班的自由职业、数字游民生活很是向往，但其实大多数不上班的独立工作者，真实的生活状态并不是社交媒体上展示的那般岁月静好。

你只看到我不用早起坐班，每天睡到自然醒，但你没看到我凌晨两点还在写方案；你只看到我养花、养狗，生活惬意，但你没看到我蓬头垢面，焦虑、失眠、脱发；你只看到我无拘无束、说走就走，但你没看到我在网吧、高铁站、马路边改稿，那狼狈的模样……

世上没有不用付出代价的自由。诚然，不上班让我们拥有了更多可以自由支配的时间、空间，让我们能够自由地去做一些自己喜欢的事情，但这些自由，往往是靠"自己卷自己""过度工作"换来的，那种不用付出努力就能得到的自由，只有梦里有。

此外，**反复承受"收入不稳定，未来不确定，舆论不肯定，内心不安定"** 这四大"不定因子"的折磨（见图1-1），也是每个想不上班的人**需要为自由付出的代价**。如果你的银行卡里没有足够的余额，又是一个容易焦虑不安的人，那么"不上班"不仅无法让你紧绷的神经得到放松，还会放大你的焦虑。

● **第二，把自媒体当退路，结果很可能是"死路"。**

时间自由、赚钱快、收入没有天花板，是没真正做过自媒体的人

对自媒体的几大幻觉。基于这种幻觉，很多人会把做自媒体当作"不上班"的退路，甚至是唯一退路。

图 1-1　不上班需要面对的四大"不定因子"

结果往往是什么呢？一腔孤勇闯入自媒体创业大军，热血沸腾地开始找选题、写脚本、拍视频、剪辑，一条内容折腾了半天、一天时间，发布之后却只有少得可怜的几个浏览，刚开局热情就被浇灭了一半，前文提到的我那个裸辞做自媒体的朋友就是这种情况。

开局失利！不服输的她更加努力学习拍摄、剪辑手法，投入很多时间去拆解爆文、打磨脚本，坚持两个月后账号数据终于小有起色，但因为前期账号定位不准确的问题，账号一直无法获利，为此她一度十分焦虑。又坚持一段时间后，她因无法承受账号数据、收入双双惨淡的压力，主动放弃"离职博主"这条路，重新回归职场。

自媒体产能过剩的当下，不上班当博主是件很冒险的事情，如果你把自媒体当成不上班的唯一退路，那很快现实就会告诉你什么叫"死路一条""无路可退"。

在这个超级个体时代，我们当然需要用好自媒体这根杠杆，但**用好自媒体杠杆不只有当博主一条路**，基于不同的个体现状和需求，用"自媒体+"的思维为自己赋能，探索人生更多可能才是正确解法。在本书第二章，我为大家梳理了自媒体获利的五大落地方案，供大家选择。

● **第三，旷野可能是比轨道更艰难的人生模式。**

社交媒体上，各种"人生不是轨道，是旷野""裸辞重启人生"的热帖，似乎给大家传递了一种只要勇敢走出格子间，离开一平方米的工位，就能彻底摆脱职场内卷、内耗，开启"爆爽"人生模式的错觉。旷野是更自由的空间、更广袤的天地，旷野代表着人生无限的可能和希望，所以，人们总是希望能挣脱框架禁锢，走向旷野。但其实，**旷野可能是比轨道更加难走的一种人生模式**。

轨道上有参考线，有行进规则指导，有护栏保驾护航，但在旷野上，我们可能找不到任何一个路标，看不见任何一块指示牌，只能靠自己去探索、定位方向，赤手空拳博出一条路。这个过程荆棘遍布、密林重重，往往需要付出比沿着轨道行进更多的力气，才有可能跨越荆棘、穿过密林，最终驰骋在无垠旷野上。

即便真的穿越重重阻碍走到了旷野，我们还是时常会因为看不清前路而迷茫，从而陷入旷野无垠、人生茫然的绝望中。**轨道和旷野，本质上只是两种不同的选择**，选择本身没有优劣之分，读懂自己、看清自己真正想要的是什么，是比直接做出选择更有意义的事。

总而言之，**不上班的旷野人生，不一定是比困在轨道、格子间中更加自由的人生**。旷野有更自由的风，更广袤的天地，但旷野也意味着更多的不确定性，更多的风险。

如果银行卡里没余额，心中没方向，盲目踏上旷野，可能会让我们更加焦虑，更加迷茫。

当时代失去方向，集体陷入迷茫，我们**唯一能依靠的路标只有自己**。寻找不上班活法的第一步，是丢掉对自媒体等人生退路不切实际的想法，对网络滤镜下的旷野人生祛魅。从自己的真实生活出发，才能找到专属于我们自己的"不上班多元人生"。

二、带给你安全感的，从来不是上班

你听说过"杀鸟盘"吗？

"杀鸟盘"取意于"笼中之鸟"，是一种专门针对全职妈妈、学生等长期在家，或生活在相对封闭的环境中，与外界接触比较少，又想通过互联网赚取一定收入的群体精心设计的骗局。一个完整的"杀鸟盘"通常由**诱鸟、喂鸟、醉鸟、杀鸟**几个步骤组成（见图1-2）。

诱鸟 → 喂鸟 → 醉鸟 → 杀鸟

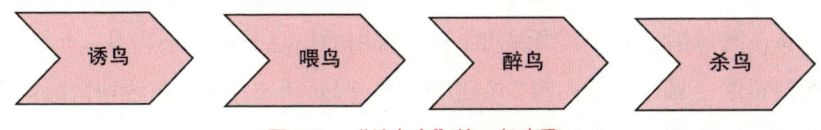

图1-2 "杀鸟盘"的一般步骤

首先是"诱鸟"，骗子会利用全职妈妈、学生等群体暂时无法上班但又想赚钱的心理，以"足不出户，日进斗金""每天工作三小时，在家动动手指就赚钱"等话术为噱头，在互联网上发布诸如刷单、手工制作、充值返利之类的虚假兼职信息，引诱他们加入"杀鸟群"。

接下来，骗子们会通过晒转账截图、虚假聊天记录的方式，以下载App立领红包、刷单返利、充多少返多少等只需简单操作就能获得小额报酬的形式"喂鸟"，一步步博取"鸟儿"的信任。

在获得"鸟儿"信任后，骗子会引导"鸟儿"乘胜追击，继续通过自导自演的方式，引导"鸟儿"拍下更大的单子，或充值更多金额，然后以返款需要时间、系统故障等理由，一步步套走"鸟儿"们的钱。

每一个"杀鸟盘"背后，都有一只急切想冲破困境的"鸟儿"。 骗子们利用全职妈妈、学生群体经济不独立、没有稳定收入的状况，为他们织下天罗地网，一步步诱"鸟"深入，实施围猎计划。

用力想冲破困境，却因为没有行之有效的破局之法，被外界诱惑不断蛊惑，从而掉入更深的陷阱。 每次看到和"杀鸟盘"相关的新闻，我都会想，世界其实是一个巨大的"捕鸟网"，你我都可能是这"网中之鸟"。考研失败、找不到工作、被裁员、被降薪、中年失业……我们一生中会经历各种各样的困境，当遭遇困境时，你会怎么办？是从容不迫地寻找解决之法，还是自怨自艾、自暴自弃，抑或愣在原地，完全不知道该怎么办，只能盲目跟风，胡飞乱窜？

　　现实中，大多数人在置身困境时，是无法沉下心来寻找破局之道的。这时，很多人会通过上网搜索、刷短视频等方式向外寻找答案，但要在海量的信息中，找到几个真正有用的信息是何其不容易。于是，我们会像一只失去方向的"鸟儿"一样，四处胡飞乱窜，在这种情况下，受伤、掉陷阱都是在所难免的事情。

　　比如，很多想通过副业增加收入的朋友，因为对自己没有清晰的认知、规划，人云亦云，盲目跟风，今天上这个副业技能培训课，明天考那个职业资格证书，结果呢？花钱买了一堆课，上了各种培训，却始终没靠副业获得任何收入，**副业直接变"负业"**。

　　当置身困境时，如何避免因为不安落入"陷阱"呢？

● 第一，不依附于任何一棵大树。

　　所谓"靠山山倒，靠人人跑"。世事多难料，依靠公司，依靠平台，依靠老板等，都不如依靠自己。这个时代已经没有所谓的稳定工作了，只有有稳定工作能力的人。既然时代流向已经如此，那我们唯一可以做的就是努力修炼，提升自己的抗风险能力，不把自己的未来和职业前途拴在任何一棵大树上。西方有句谚语，"站在树上的鸟，不怕树枝断裂，因为它依赖的不是树枝，而是自己的翅膀"。此刻，如果你短暂栖息的树枝突然断裂，你有能够振翅高飞的能力吗？

● **第二，积攒"单飞"的能力。**

真正能带给我们安全感的，从来不是上班，也不是具体某份高薪、稳定的工作，而是向内而生，任何时刻都能靠自己"单飞"的能力（见图 1-3）。

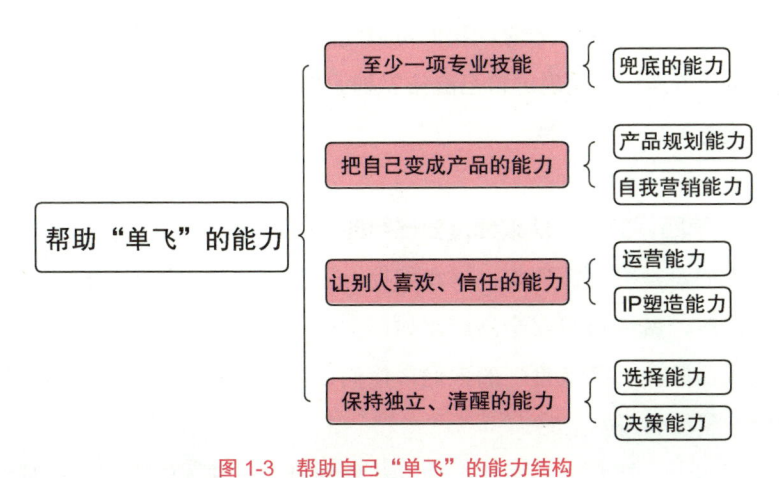

```
                        ┌─ 至少一项专业技能 ┬─ 兜底的能力
                        │
                        │                    ┬─ 产品规划能力
                        ├─ 把自己变成产品的能力┤
帮助"单飞"的能力 ──────┤                    ┴─ 自我营销能力
                        │
                        │                    ┬─ 运营能力
                        ├─ 让别人喜欢、信任的能力┤
                        │                    ┴─ IP塑造能力
                        │
                        │                    ┬─ 选择能力
                        └─ 保持独立、清醒的能力┤
                                             ┴─ 决策能力
```

图 1-3　帮助自己"单飞"的能力结构

（1）至少一项直接获利赚钱的专业技能，这是风险来临时可以帮我们兜底的能力；

（2）能把自己变成"产品"并成功"销售"出去的能力，产品规划及营销能力；

（3）让别人喜欢并信任你的能力，自我运营和 IP 塑造的能力；

（4）在困境、迷雾中保持清醒、独立的能力，决策和选择能力。

如果此刻你还不具备这些能力，那么没关系，这些能力都是能够刻意习得的，本书后面的几章我们会就如何刻意习得这些能力，给出具体的落地方案。

● **第三，"单飞"之前先去"试飞"。**

所有的鸟类，在变成能振翅高飞的大鸟之前，都会进行试飞练习，它们笨拙地扇动着翅膀，一遍遍小心翼翼地试飞，直到能在高空中自由翱翔。如果不进行一次次的试飞，它们很可能会刚出鸟巢就跌落万丈悬崖。

对于我们人而言也是一样的，"单飞"是存在很多未知风险的，所以在正式"单飞"之前，我们可以先通过副业"试飞"，检验自己的"单飞"能力。在确定自己能依靠副业稳定获利后，再去"单飞"，这样飞行的底气会更足。

● 第四，安全感从来都是自己给的。

人们总是习惯性认为，当我们拥有了某一样想得到但暂时没得到的东西时，就能获得安全感。比如前文中因为暂时无法上班、没有稳定收入而陷入"杀鸟盘"的人们，他们以为得到一份工作，获得一些报酬，就能获得安全感。

事实上，把安全感寄托在他人和外物身上，并无法真正从心底消除不安。把安全感寄托在财富、工作上，即便我们短暂获得了内心的安宁，更大的不安感还是会随时袭来。要想获得长久安全感的方法只有一个：**凡事向内寻，而不向外求**。现在开始蓄积能力，坦然接纳当下所有的不如意，然后不断试飞，直到可以飞起来。

三、明确打工主线任务：偷师练技

2024年，国内知名人力资源服务商前程无忧发布了一份《上班族离职心态调查》报告，报告显示：除了福利少、收入少、加班多、职场天花板低等众所周知的因素外，还有近三成的受访者是由于"工作环境压抑，企业文化奇葩"而想离职。

由此可见，除了工作本身和薪资报酬外，工作氛围、职场人际关系也是影响上班族心态和状态的重要因素。糟糕的工作氛围、不和谐的职场人际关系，会在无形中损耗我们大量的心力和能量，让我们的身心变得疲惫不堪。

面对这种情形，有人选择抱怨、吐槽，有人选择离职、换工作。遗憾的是，抱怨、吐槽只能带来一时的情绪宣泄，并不能从根本上解决问题；离职、换工作，也不意味着下一份工作就不存在这些烦恼。正所谓"心病还须心药医"，要破解这些因为"人"而造成的难题，我们可以从心理学的角度去寻找方法。

（一）课题分离：减少不必要的情绪消耗

拒绝情绪损耗，做能量满满的"打工人"，最简单的方法就是——**学会课题分离**。

课题分离，是由个体心理学的创始人阿尔弗雷德·阿德勒提出的一个概念。在阿德勒看来，**一切人际关系的问题，都是因为你对他人的课题妄加干涉，或者他人对你的课题妄加干涉**。只要学会课题分离，不混淆自己和他人的课题，你就能保持自己内心的秩序，不被他人所影响。

如何分清自己和他人的课题呢？

很简单，**谁对行为的结果负责，这就是谁的课题**（见图1-4）。

比如，一个喜欢麻烦别人的同事，以"时间来不及了"为借口，找你帮忙加班做本该由他独立完成的工作，那么"工作能不能按时完成""完成程度如何"这些都是他的课题，而你的课题是选择接受或者拒绝他的请求，你只需要遵从自己的内心做出你想做的回应就可以了，至于他会不会因为你的回应而生气、郁闷，那又是他的课题了。

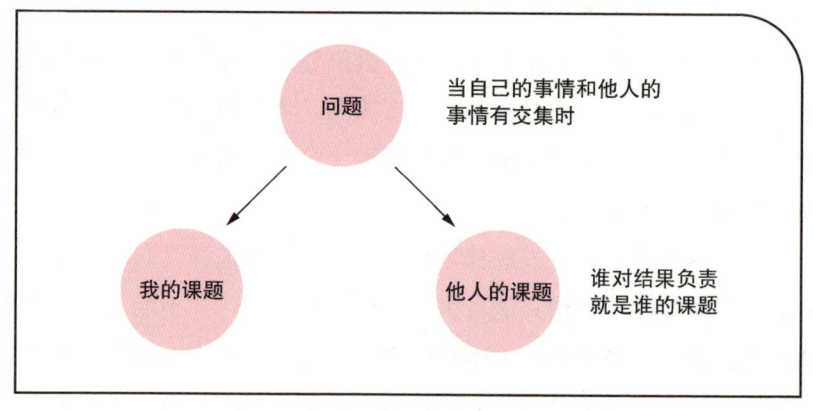

图 1-4　如何区分自己和他人的课题

课题分离能帮我们解决生活、工作中绝大多数的问题，减少很多不必要的情绪消耗。但在实际中，我们可能会面临一些课题不好区分的情况，比如，员工没完成领导制定的KPI（关键绩效指标），在这个事件中，员工和领导都需要为没完成KPI的后果负责，员工需要承担被领导批评或被扣奖金的后果，而领导需要承担管理失败、业绩不达标的后果。

大家都要为同一件事的后果负责，那么这个课题是不是就不能分离了？

当然不是，这时我们可以去**拆解事件中的具体行动**，以此实现课题分离。

例如，在完成 KPI 这件事上，制定合理的 KPI 是领导需要完成的课题，而你的课题是对自身的能力和 KPI 的合理性进行评估，如果你觉得自己的能力可能无法完成这个 KPI，或者你认为 KPI 定得不合理，你可以选择和领导沟通，让他给你提供达成 KPI 需要的人力、物力支持，或重新制定一个新的 KPI。

当你和领导沟通反馈这个课题后，是否重新制定 KPI 又成了领导的课题。这时，如果领导采纳你的建议，工作顺利推进，大家一起合力完成新的 KPI；如果领导没有采纳你的建议，那么你只需尽力完成自己能做的工作，即便最后 KPI 不达标，你也无须为此愧疚、自责，因为那已经不是你的课题了。

一句话总结，课题分离的核心是：**事在人先，情绪在后；多专注自己，少在意他人。**

（二）明确打工主线任务：偷师练技

学会课题分离、专注自身，不再把自己的情绪和时间价值让渡给他人，我们会逐渐意识到，"上班"的主线任务不是抱怨、摸鱼，而是**偷师练技**。

没有任何一个人会为了给自己"找不痛快"而上班，大家上班都是为了获得经济报酬或让自己变得更有价值。既然我们上班的核心课题是在获得经济报酬的同时，让自己变得更有价值，那我们上班的**主线任务**就是：把职场当练技场，想方设法提升自己，为自己的价值打工。把上班心态从我在为老板打工，调整为我在为自己的专业能力、知识、阅历打工，把职场当作可以一边赚钱一边偷师的练技场（见图1-5）。

正所谓，一念天堂，一念地狱。转变上班心态后，很多不顺眼的人和事都会变得不一样。

打工主线任务：

偷师练技

为自己的价值打工

图1-5　把职场当作偷师的练技场

"石油大王"洛克菲勒年轻时，在一家名叫"休伊特-塔特尔"的公司担任记账员，记账工作枯燥无味，还有很多繁文缛节，同事们常常抱怨工作无意义，雇主压榨工人。但洛克菲勒从未这样觉得，他在写给儿子的信中回忆：休伊特-塔特尔公司是一个锻炼我的能力，让我一试身手的好地方。他说，在休伊特-塔特尔公司的经历，帮他打开了商业世界的大门，让他学会了尊重数字和事实，还培养了他作为一个商人应该具备的能力。

确实，如果我们把上班当作一场劫难，那我们只会从中收获到痛苦、折磨；但如果我们把上班当作修炼，学会利用职场提升自己的专业能力、赚钱能力，**把注意力集中在**学习公司如何运营、领导怎么和客户谈判、同事如何解决问题、客户如何赚钱等能够提升自己的事情上，我们就没有精力去关注那些烦心的人和事了。

四、从"打工思维"到"独立工作思维"的转变

未来没有稳定的工作，只有有稳定工作能力的人。身处"黑天鹅事件"频发的时代，无论是出于个体发展的需要，还是防患于未然的选择，每个人都应该做好不上班、独立工作的准备，而**丢掉"打工思维"，培养"独立工作思维"**，就是从打工迈向独立工作的第一步。

（一）"打工思维"VS"独立工作思维"

何谓"打工思维"？

从字面就能看出，**"打工思维"的典型特征**是：我只是个打工的，我在为老板工作。受这种"我为别人工作"的被动思维影响，存在"打工思维"的人面对工作的态度往往是——

- 当一天和尚撞一天钟，得过且过；
- 拿多少钱，办多少事，绝不多卖一分力；
- 多做多错，不做不错，能推则推。

单从"职场生存"的角度来说，"打工思维"可以让我们的工作变得更简单、轻松。但这种思维的风险在于，当我们养成了被动工作的习惯后，等于变相把自己的人生控制权让渡给了他人，自己给自己关上了成长的大门。因为得过且过、划水、摸鱼，很多职场人工作多年，依旧只长年龄，不长能力。

人当然有选择摸鱼、划水的权利，可是当"黑天鹅事件"出现、风险来临时，我们又该以何种姿态去迎接风暴？人生如戏，可生活从来不会陪我们演戏，如果不想被风暴打击到毫无还手之力，那我们要

先学会跳出"打工思维",把思维方式从"为他人打工"模式,切换到为自己工作、为自己负责的"独立工作思维"模式。

和被动、逃避的"打工思维"不一样,**"独立工作思维"讲求主动、增值、自我成长效益最大化**。

对于拥有"独立工作思维"的人来说,判断一份工作有没有价值,要不要认真完成,既不是只看报酬,也不是全凭心情,而是看这份工作能不能深化自己的认知,能否给自己的能力增值、为自己的未来赋能。

拥有"独立工作思维"的人,不管职业身份是普通员工,还是团队负责人,都会尽自己所能,认真对待工作,在自己的能力范围内产出更多工作成果。很多我们熟悉的成功企业家、创业者,他们在"打工"阶段就表现出了很强的独立工作意识,即便是在那些最不起眼的工作岗位上,也会尽自己所能把工作做到最好,并且从不放弃任何一个能提升自己的机会。

总结来说,**"独立工作思维"是一种自己为自己负责、自己掌握工作主动权的成长型思维**(见图1-6)。

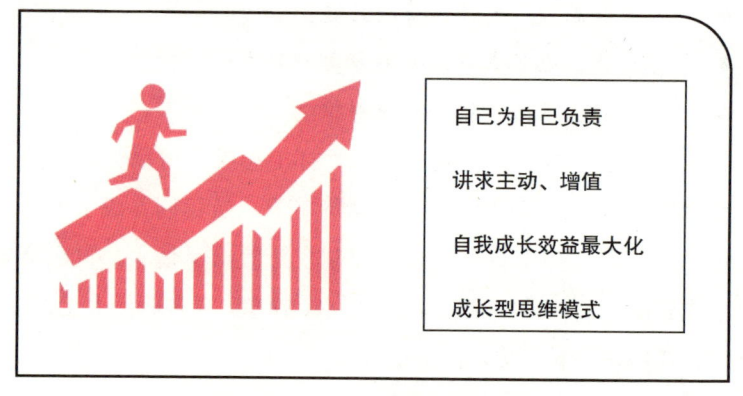

图1-6 "独立工作思维"的特点

这个时代,人人都应该有意识地培养自己的"独立工作思维",即便暂时没有创业、单干计划的朋友,同样需要培养"独立工作思维",

因为"独立工作思维"不仅能增强我们抵御风险的能力,还能让我们不再受困于上班或不上班的表象中。

(二)上班、不上班都是表象

正在上班的人,一心不想上班、想辞职;失业、找不到工作的人,一心想上班。

上班痛苦,不上班更痛苦!但其实,令我们痛苦的可能并不是上班、不上班,因为**上班、不上班只是问题的表象**,问题的核心是:上班究竟是为了什么?我们到底是不想上班,还是不想工作?

上班当然是为了赚钱,但不想上班,好像并不是因为不想工作。

上班是以获取报酬为目的,但工作除了获取报酬之外,还有获得成就感、满足感、幸福感等众多意义。按马斯洛需求层次理论(见图1-7),工作既满足了我们基本的生理、安全的需要,也满足了我们对爱与归属的需要、尊重的需要以及自我实现的需要。

图1-7 马斯洛需求层次理论

也就是说,其实上班和工作是完全不同的两码事:**上班是为了生**

存，工作则是为了自我实现和收获意义**。就像许倬云先生在一次演讲中说的，"工作不仅是维持你的生活，也是让你带进社会的一个角落，是一个连线。工作就是雕塑你自己"。

很多时候，人们不想上班并不是讨厌工作本身，而是因为无法在这个过程中收获意义感。所以，我们真正需要在意的，不是上班、不上班的表象，而是**我们应该如何面对工作**。

如果我们用自己为自己负责的"独立工作思维"面对工作，那不管我们是身处一平方米的格子间，还是置身于广袤原野，都能从工作中收获到生存之外的其他意义。相反，如果我们一直被"打工思维"捆绑，那即便置身广袤原野，依旧摆脱不了内耗。

（三）训练"独立工作思维"

改变从细节开始，为了能早日不受困于上班、不上班的表象，日常我们可以通过以下三个方法去训练自己的"独立工作思维"。

● **方法一：以未来为导向思考问题。**

比如，当你在纠结要不要做某份工作或参与某个项目时，可以先问问自己：

（1）从长远的角度来看，我现在做的事情能给我带来什么？

（2）做这份工作、参与这个项目，会对我有什么影响和帮助？

（3）如果我想从这份工作中得到某些收获，那我需要付出什么？

● **方法二：不断追问"我想成为什么样的我自己"。**

定期思考"我是谁""我想做什么""我能做什么""要成为我想成为的人，我还需要做什么"这些问题，在反思中不断精进，驱动自己成为那个自己想成为的人。

● **方法三**：<mark>角色扮演、换位思考。</mark>

在工作中，我们可以主动把自己代入"老板"的角色，思考"如果我是老板，我会怎么处理这个问题""我希望员工怎么做""这个项目可以达到什么效果"等问题。在生活中，碰到一些感兴趣的商业问题时，我们同样可以把自己代入老板角色，思考如果我是老板，我会怎么解决这些问题。

五、独立工作者成长路径

前面分享的所有内容，都是为"独立工作"做准备的。那么，要正式成为一名独立工作者，需要经过哪些成长阶段？接下来，我会根据自己不上班、独立工作多年的经历，带大家拆解成为一名"独立工作者"可能会经历的成长关卡。

1. 预备阶段：副业测试

社交媒体上，有很多"勇敢的人先享受世界""辞职做自媒体""裸辞当自由职业者"的热帖，但我个人其实是不太建议冲动裸辞单干的。

成为独立工作者有一个很重要的前提：你得拥有独立赚钱的能力。副业则是检验你是否具备这个能力的工具。前面提过我是 2017 年离职，正式成为独立工作者的。但在离职之前，我其实已经过多轮副业测试，确定了即便不上班，我也有不让自己"饿死"的能力。

这个阶段，我的副业收入主要来自**爱好、技能**，具体的副业测试过程，在本书第二章产品定位的案例中呈现。

2. 独立工作初期：技能获利

独立工作的初期，我主要还是依靠**技能获利**。

这个时期，因为缺乏对自我发展的系统规划，我曾一度陷入"瞎忙"模式，走了许久的弯路。刚开始摆脱格子间的那段时间，我每天都有使不完的"牛劲儿"，各种类型的约稿来者不拒。同时，我还主动出击，通过老客户介绍和网络渠道，联系了很多有方案制作、商业文案撰写需求的甲方，为他们产出内容，收入也比上班的时候高了两三倍。

但当不上班、自由工作的新鲜感过去之后，我开始变得焦虑、迷茫。有一天我加班改稿到凌晨，关机前我看着那些自己一字一句敲出来的文字，一个个被分类好的文件夹——方案、影评、娱评、观点文、商业软文、新闻稿、电商种草文、小小说……我突然不知道自己每天从早到晚坐在电脑前究竟在干什么。

坐在电脑前，我一遍遍问自己：这些真的是我想写的内容吗？输出了那么多内容，我的核心竞争力在哪儿呢？为什么写了那么多内容，我依旧是个被客户挑三拣四的、籍籍无名的小写手？……

那时我既想不清楚这些问题的答案，也看不到未来的方向。于是，我开始失眠、脱发。

但当时的我，根本不敢让自己停下来，因为停下来看着账户数额不再增长，我会更加焦虑。就这样，我一边焦虑一边忙忙叨叨过了快一年。

直到2018年，我的前同事，我当时的男友，也是我现在的先生兼合伙人，也从公司离职，我们决定一起创业。这时我才开始停下来，思考之后的发展规划。

3. 自主创业：一人公司模式初探

2018年10月，我和先生成立了一家品牌设计公司，主营业务为品牌全案、品牌咨询、品牌设计。说是公司，其实整个公司老板加员工就我们两人。我们分工明确，我负责咨询策略，他负责客户开发和设计，人手不足或需要推广传播、落地执行时，我们就邀请外部团队加入。现在想来，我们的公司就是一个典型的一人公司模型，只是当时我们还没有一人公司的概念（有关一人公司的相关概念，在下一小节具体探讨）。

创业初期，业务量不是很稳定，为了缓解内心的不安，在不确定中寻找一丝确定，我和之前合作过的一家咨询公司达成了长期合作协议，远程帮他们负责一些项目，除了项目分成之外，还有一笔小额固定补贴。同时，在朋友的介绍下，我入职了一家 K12（基础教育，指从幼儿园到高中的教育）在线教育机构做线上讲师，白天写方案、做 PPT，晚上和周末的时间则用来给学生上课，每天的时间都被塞得满满当当的。

熬过最艰难的那段日子后，我们靠作品积累了一些口碑，有了相对稳定的客户资源。公司主营业务趋于稳定，个人可自由掌握的时间也多了起来，这时我和先生萌生了在主业之外，拓展一些副业项目，拓宽收入渠道的想法，只是一直没碰到特别适合的机会。

4. 实体创业：交学费试错

时间来到 2021 年春节，我和先生回他老家过年。那段时间我们每天百无聊赖地穿行在滇西四线小城的街头，一次和朋友一边喝咖啡一边吃烧饵块的过程中，我们聊到所有行业都可以放到新消费场景中重新做一遍。之后，我们开始思考：咨询、设计可以放到什么新消费场景中，让客户直接感受到？

推演许久后，我们得出了答案：做一个设计师文创品牌，以我们喜欢、擅长的"文创产品"为载体，搭载茶咖、创意甜品等日常消费品，在向 B 端客户展示作品的同时，带动线上线下的 C 端消费。或许是梦想驱动，抑或一时冲动，本该返程复工的我们，在复工前三天临时决定，暂时留在小城开一家梦想中的小店去实践我们的想法。

确定这个想法之后，我们快速勾勒出了商业模式图，并且很快就找到了一个经营合伙人。按最初的规划，我和先生主要负责品牌 IP 形象设计，周边文创产品的设计、开发，以及品牌后续的营销推广工作，合伙人则负责茶咖、甜品研发以及线下门店的日常运营工作，门店稳定运营后我们会返程，回归到自己的主业上。

确定合伙人后，我们立马投入品牌 IP 形象创作、周边产品设计开发中。经过 100 多个日夜的奋战，第一批文创产品顺利进入生产阶段；与此同时，我们找好铺面、交了租金，并且和设计团队确定好了门店设计方案。

但在临门一脚时，合伙人因其自营品牌遇到棘手问题而中途退出。事发突然，短时间内难以找到适合的合伙人，我们被迫临时调整配套产品方案，决定先自己承担起茶咖等配套产品的研发和门店运营的工作，之后再寻找合适的合伙人或店长代为管理。

5. 重回一人公司模式

由于篇幅关系，合伙人退出后我们经历的重重磨难，我就不展开叙述了。

时间来到 2021 年秋天，我们第一家门店正式落地。

或许是否极泰来，门店正式营业后生意还不赖，不少顾客自发地为我们宣传，门店很快成为当地小有名气的"网红店"，我们也因此链接到了更多优质的客户资源和同频创业者。

但随之而来的门店运营、员工管理、服务评价等各种琐碎的问题，耗费了我们太多时间、精力。从门店正式运营那天开始，我们就被迫进入了 365 天全年无休模式，设计公司业务很多交给了外部团队，一些必须亲自完成的长期客户的业务，只能加班加点完成。

在这期间，我们几乎没什么外出以及和亲友小聚的机会，就连和甲方客户必要的线下沟通，也常常是他们翻山越岭主动迁就，就这样，两个向往自由的人，阴差阳错地被困在了一家小店里。我后来经常和朋友开玩笑：**"我开了一家梦想中的小店，但被困在自己的梦想里了。"**

在此也给所有梦想开咖啡店、甜品店的朋友提个醒，如果你不是出于对咖啡、烘焙行业的热爱，仅仅是因为不想上班、想自由而开一家小店，那么开店后，你首先失去的就是自由。

2023年春节前夕，因为不可抗力因素，我们难得地有一段歇业休息的时间。这段时间，我和先生复盘了过去两年的所得所失，权衡利弊后，我们决定逐步砍掉茶咖、甜品等必须依靠员工才能持续运转的产品，以"文创商店+文创设计工作室"的形式继续运营品牌。

2023年8月，完成业务切割、门店搬迁工作后，我们把重心回归到自己热爱并擅长的领域，同样以一人公司模式对二次创业的文创品牌进行运营。

然后，一切都朝着更好的方向发展了……

看完我的"独立工作者成长路径"，大家可能发现了：在我独立工作初期，因为**缺乏明确的定位和系统的规划**，走了很久的弯路；之后又因为**拓展了自己并不擅长的业务**，把自己搞得身心俱疲。

希望大家能从我的故事中吸取教训，从独立工作预备阶段就明确自己的产品定位和发展方向，对自己的个人商业模式提早做好规划，这会使你少走很多弯路。产品定位和个人商业模式规划的具体内容，本书第二章会具体展开。

我自己的独立工作之旅虽然坎坷，但它让我更加明白：**独立工作的终点是一人公司**，在一人公司之前我们会经历副业练技、自由职业或数字游民探索的预备阶段（见图1-8），**如果提前做好定位、规划、布局，我们就能少走甚至不走弯路，更快到达独立工作的终点。**

01 预备阶段 副业练技、寻找方向

02 自由职业/数字游民时期 专业能力、技能变现

03 开创一人公司 构建个人商业模式

图1-8 独立工作者成长路径图

六、独立工作终点：开创一人公司

独立工作的终点是开创一人公司。那么究竟什么是一人公司？它和大家熟悉的只工作不上班的自由职业者、数字游民有什么不同？本节我们将对自由职业者、数字游民、一人公司的相关概念、特点进行梳理，以便大家更清晰地了解这几种常见的独立工作模式。

（一）浅谈自由职业者、数字游民

首先，**自由职业者、数字游民、一人公司都是不长期受雇于某一固定单位、个人，不被格子间所困，自己为自己负责的独立工作者**。

其次，大多数一人公司都会经历自由职业者、数字游民阶段的探索，但一人公司既不是简单的自由职业者，也不是数字游民的别称。

自由职业者，是指那些不用朝九晚五，甚至更长时间坐班，可以自由选择自己的工作地点，自主安排个人工作时间的独立工作者，比如作家、撰稿人、独立设计师、插画师、摄影师、自媒体博主等。自由职业者通常用自己的技能和时间获得收入，不付出时间，就无法获得收入。

和自由职业者一样，**数字游民**的工作同样不会受困于某个固定的空间，他们可以借助互联网和虚拟技术，一边全世界旅行，一边远程完成工作。

和自由职业略有不同的是，数字游民的"生力军"往往是网页设计、软件开发、营销咨询、在线教育等领域的从业者，这些工作经常要多人协同完成，所以，数字游民通常会以远程办公的形式，短暂"受雇"于某个团队或项目小组。

概念上虽然稍微有点不同，但**自由职业者、数字游民的本质都是靠付出自己的时间、专业技能换取报酬，因此个人的时间、精力、专业水平直接决定个人发展和收入的上限**（见图1-9）。

图 1-9　自由职业者和数字游民获利的路径

（二）何谓一人公司

首先，"一人公司"中的"一人"是一个泛指，它既可以是1人，也可以是3～5人，甚至更多人的"小而美"的团队；这里的"公司"也不是传统意义上的企业组织，而是一种保持小规模、稳定增长的商业模式，和一种以经营公司的态度来经营管理人生的思维方式。

IT咨询顾问保罗·贾维斯在《一人企业：一个人也能赚钱的商业新模式》中说，**一人公司**是一种能让人通过自己的能力变得更加自立，职业道路变得更加宽广的商业模式。

之所以说**一人公司**是一种商业模式，是因为**一人公司**的发展目标是，通过构建适合的产品、服务，构建出长期、稳定并且可复利的业务模式，而不仅仅靠付出时间、技能获取报酬（见图1-10）。

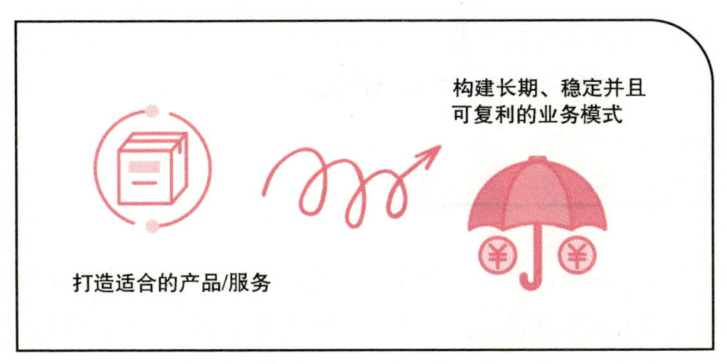

图 1-10　一人公司是一种可复利的商业模式

比如，保罗·贾维斯自己通过写作、制作软件、博客以及在线授课，每年有稳定且有增长的收入，他的作品、课程能让他在不上班的时候，还能持续有收入。在我自己实践一人公司的过程中，我发现和其他独立工作的形式相比，一人公司具有以下几大特点：

1. 拥有自主选择和决策权

一人公司是以 1～2 个主创为核心组建的"小而美"的商业单位，"公司"主创既是老板，也是员工，比如前文提到的我和先生开创的品牌设计公司、文创工作室。因为自己既是老板，也是员工，我们对自己的业务模式、工作内容有高度选择权和决策权，不会被市场和客户过度捆绑，没有过度的职场内卷和内耗。

2. 高度的灵活性和自由度

从业务层面来说，一人公司创业者能够根据自己的兴趣、爱好、资源、专长，选择适合自己的领域创业。我们能自由选择自己擅长的业务模式，构建出更适合自己，更具竞争优势的产品或服务。此外，我们还可以根据市场变化和客户需求，不断调整优化自己的业务模式、产品方向，具有很强的灵活性和自由度。

3. 低成本、低风险创业

一人公司规模简单，一个人就可以创业，也可以通过远程办公和灵活雇佣的方式组建团队，节约了大量人力方面的开支。同时，一人公司的办公场景也很灵活，甚至无须租赁办公室，在家就能直接办公，是一种低成本、低风险的创业模式。

4. 小而美的竞争优势

一人公司不以盲目追求规模扩张为目的，而是坚持以"小而美"的方式实现个人商业稳定增长，这让一人公司创业者能更专注地在某个领域精进，更智慧、高效地打磨出有竞争力的产品或服务。

5. 对抗未知风险的能力

从现实情况来看，当我们遭遇裁员危机、失业风险时，能帮我们杀出重围、冲出绝境的往往是我们接受现实、适应变化的能力，一人公司恰恰能帮助我们培养这些能力。因为没有更多员工和同事可以提供帮助，一人公司的创业者在面对问题时，必须想方设法调动一切资源解决问题，久而久之培养了自己一专多长、快速适应变化的能力。

从这个意义上来说，一人公司是未来个体发展的大趋势，构建一人公司商业模式，能让我们在极速变革的时代中多一种选择的底气和应对风险的能力。

需要特别说明的是，**构建一人公司并不意味着我们必须辞职去注册一家公司，而是把一人公司作为一种指导行动方向的思维方式，去管理、经营自己的人生。**不管是身处职场，还是已经成为自由职业者、创业者，每个人都可以是一家有自己稳定获利模式的公司。

> **案例故事：一个人活成一家公司的插画师小美**
>
> 小美是一名插画师，从公司离职之后，她通过自由接插画商单的形式养活自己，慢慢地小美发现，靠画画获利，体力和时间是收入的天花板。按她的速度，完成一份高质量的商单，往往需要花费一个星期到半个月的时间，每个月就算把自己的时间全部排满，接单数量也很有限。与此同时，受 AI（人工智能）绘画的冲击和同行价格内卷的影响，一整个月无单可接也是常见的事。
>
> 没有订单可接的日子，小美开始在自媒体上以"真人变插画"的形式分享作品，因为画面生动又有故事感，她的账号慢慢积累了一些粉丝。随着关注量增多，陆续有品牌方主动找到小美创作联名作品，她的自媒体账号时不时也能接到一些广告，她接插画商单的报价也随之水涨船高。与此同时，小美还将自己发布的一些高赞插画作品做成了帆布包、手账本、手机壳等周边挂在"橱窗"售卖，哪怕小美连续几天不更新作品，后台还是会陆续有人下单。
>
> 在小美的故事里，我们可以看到：离职初期，作为自由插画师的小美，通过技能获利，每幅插画只能卖给一个客户，一周时间只能售卖一次；但之后通过自媒体和周边产品，小美的作品能同时卖给许多人，同一时间多次售卖。因为粉丝不断增加，消费者数量持续扩大，所以小美即便什么也不做，也能从之前付出的时间中持续复利，此时小美完成了个人商业模式初步的构建，一个人活成了一家公司。

七、一人公司发展的四个阶段

任何一家企业，都是有成长周期的，同理，一人公司的发展也不是一蹴而就的，以我的实际经验来看，一人公司的发展通常会经历以下四个阶段（见图1-11）。

停滞期
陷入收入、增长瓶颈

加速期
打造个人IP、扩大影响力

建构期
继续完善商业模式

探索期
确定获利产品

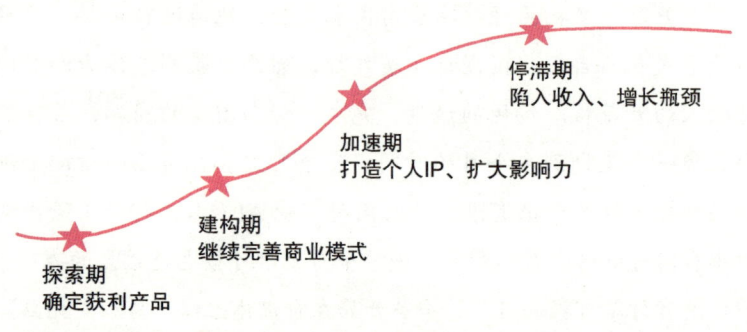

图1-11 一人公司发展必经的四个阶段

1. 探索期：确定自己的获利产品

一人公司起步阶段，我们需要对自己的业务模式、产品定位有一个初步的设想。也就是说，我们要**尽快确定自己可以通过卖什么获利，把专业、能力、经验等产品化**。

这个阶段，我们可以通过"个人商业画布"，对自己的关键资源、关键业务、目标客户等进行初步梳理、规划，画出自己的个人商业模式草图，初步确定一人公司获利方向。

接下来，可以借助MVP产品开发原则，设计出自己的最小可行性产品，并且把产品投入市场进行"售卖"，测试、验证自己的产品是否真的可行。确定获利产品、服务是构建一人公司的第一步，也是关键一步，所以除了产品开发工具分享之外，本书第二章中我还为大家列举了九种常见的"个人商业产品模型"，以帮助大家拓宽产品设计思路。

2. 建构期：完善一人公司商业模式

确定好获利产品后，我们会进入一人公司的下一阶段：建构期。

这个阶段是我们反复验证、优化迭代一人公司产品、服务的阶段，也是我们不断获取、积累客户资源的阶段。**本阶段我们的主要任务有两个**：其一，继续完善产品和业务模式；其二，确定一人公司客户渠道通路，明确自己的目标客户究竟在哪里，我们应该怎么找到他们，以及怎么把他们变成自己的客户和铁杆粉丝。

有了产品、服务后，还需要把产品、服务卖出去，一人公司的商业模式才算是基本完成搭建，所以这个阶段除了继续优化迭代产品、确定客户渠道外，我们还要学习一些销售转化的技巧，来提升自己的商业获利能力。有关确定客户渠道、提高销售转化的内容，会分别在本书第三章、第五章详细展开。

3. 加速期：打造个人 IP，扩大影响

完成基本的一人公司商业模式搭建后，我们已经能靠一人公司养活自己了。

此时，我们有了相对稳定的客户和收入。为了提升一人公司的获利能力，拓宽自己的收入渠道，在这个阶段我们可能会开发一些新产品，拓展一些新业务。同时，部分一人公司 CEO 可能会在这个阶段思考是否需要扩大规模、组建团队，关于团队组建的问题，我们会在本书的

第五章详细探讨。

在一人公司发展加速期，==比确定是否组建团队更重要的是，我们要通过打造个人品牌的方式，去累积自己的信用资产、影响力资产，让自己成为所在领域有一定影响力、价值感的"小 IP"==，用更便捷、成本更低的方式，获得更多商业机会。

4. 停滞期：打破收入和发展瓶颈

在经历一段快速增长后，一人公司的业务、收入会慢慢趋于稳定。

之后，一人公司的发展也许会陷入一段短暂的停滞期或低迷期。面对收入增长缓慢，甚至不再增长，业务不稳定等状况，我们可能会感到沮丧、迷茫，甚至对自己的能力、产品、业务模式产生深深的怀疑。

当一人公司陷入发展和收入的瓶颈，我们究竟应该怎么办呢？本书第六章中，我们会就如何打破发展瓶颈、实现突围的问题进行探讨。

了解了一人公司发展的必经阶段后，接下来让我们一起进入一人公司的探索期，确定自己的获利产品吧！

第二章

产品定位：
找到自己的获利方式

任何一家公司的正常运转，都离不开产品或服务的支持。没有产品或服务的公司，就像一具没有灵魂的"空壳"。同理，一人公司要实现正常运转、获利，也需要获得产品或服务的支撑。在"产品为王"的时代，一个有竞争力的产品，能为一人公司带来长期、稳定的回报。因此，确定获利产品，找到属于自己的获利方式是开启独立工作之路的关键。

本章我们将一起学习运用"个人商业画布""MVP原则"这两个商业工具，确定一人公司的获利方向、获利产品。同时，我们将以"方法论＋案例"的形式，了解常见的九种"个人商业产品模型"，以便大家能早日找到自己的获利产品。

一、画出人生第一张"个人商业画布"

就像建筑师建造房子，需要先绘制图纸一样，把自己当作一个公司来经营，同样需要先规划好商业模式，以确保一人公司能持续运转。如何设计自己的商业模式呢？

在此分享一个互联网企业经常用来分析、评估、重建商业模式的可视化工具——商业画布。

（一）商业画布的基本构成

商业画布，是亚历山大·奥斯特瓦德博士和伊夫·皮尼厄教授在他们合著的《商业模式新生代》一书中提出的创新商业模式设计方法。如今这个方法已经被广泛运用到全球各行各业中，为各大企业和创业者提供了简单易用、可落地的商业模式设计思路。

作为帮助企业分析、设计、创新商业模式的可视化工具，**一张完整的商业画布由关键合作伙伴、关键业务、关键资源、成本结构、价值主张、客户关系、渠道通路、客户细分、收入来源九个要素构成**（见图2-1）。

关键合作伙伴	关键业务	价值主张	客户关系	客户细分
	关键资源		渠道通路	
成本结构				收入来源

图2-1　商业画布的九大构成要素

商业画布中的九大构成要素，**涵盖了维持企业运转的价值创造、价值传递、价值获取三大部分内容**。其中，商业画布的左侧是决定公司内部运转、资源配置的价值创造要素；画布右上方的客户关系、渠道通路和客户细分三个要素，描述了企业是怎么把价值传递给客户的；画布右下方的收入来源呈现的是企业获取价值的来源，属于企业运营的目标。

从图2-1中可以发现，除了上述三个部分的要素外，画布中心位置有一个"价值主张"的要素。从视觉效果来说，价值主张位于整张画布的焦点；从企业运营的战略意义而言，价值主张是连接企业价值创造、价值传递、价值获取的纽带，它既需要表明企业能为客户创造的差异化价值，还需传递出客户选择我们产品、服务的理由，是商业模式构建中需要重点思考的中心环节。

（二）画出自己的"个人商业画布"

了解了商业画布的基本构成，接下来我们要做的事情是借助这个工具，描绘出适合自己的获利方式和商业机会。大家可以拿出纸笔或打开备忘录，试着一边看一边草绘自己的"个人商业画布"。

1. 列出关键资源

人可以第一时间触达的资源往往只有自己——你就是自己的关键资源。绘制"个人商业画布"的第一步，是**列出自己拥有的关键资源，此时应回答两个问题：我是谁？我拥有什么？**

我是谁：描述自己的性格特征、价值观、兴趣爱好等。

我拥有什么：可以从有形资产、无形资产两个方面考虑。有形资产包括车、房、存款等你实际拥有的资产；无形资产则包括个人技能、知识经验、专业特长、人脉资源、信任背书等。在梳理无形资产时，尽可能写得详细一点，因为每个无形资产后都可能藏着意想不到的商机。

2. 确定价值主张

价值主张是"个人商业画布"的核心部分，是我们能为客户提供的产品或服务的差异化价值。在设计这部分内容时，需要站在客户角度深入考虑他们的需求、痛点、期望，并且根据用户需求去设计、开发他们需要的产品服务，或根据其需求去调整迭代自己的产品体系。

==一切无法帮用户解决问题，切中用户痛点、满足用户需求的价值主张都只是"自嗨"的口号。==比如，我曾在社群里看到有人这样介绍自己："我是个人成长顾问，有成长问题咨询我。"这样的介绍，既没有描述清楚自己能提供的服务，也没有考虑到用户的需求，属于无效主张。为了避免价值主张变为"自嗨"的口号，在确定价值主张前，我们==可以先问问自己以下问题：==

① 我能为别人提供什么？客户可以从我这里收获什么？

② 我的产品或服务有没有帮客户切实解决某个问题，或者满足了他们的部分需求？

回答完这些问题后，我们就可以大致辨别出自己的价值主张是否具备商业潜力了。

3. 锁定细分客群

客户群体就是那些需要我们提供服务或帮助他们创造价值，并且能直接或间接给我们带来收益的对象。客户群体的购买习惯、消费倾向，会直接影响价值主张和渠道通路的设计，所以在设计商业画布时，我们必须明确自己的细分客群。==锁定细分客群一般可以采用以下两种方法。==

1）内部驱动

基于自身已经具备的知识、经验等关键资源，或根据自身已开发的产品或服务，寻找和自身资源与价值主张匹配的目标客户。

比如，你擅长新媒体写作，那么根据现有知识、经验，你的目标客户群可能是以下几类人：

① 需要新媒体内容创作者的甲方企业或乙方公司；

② 学生、全职妈妈等想学习新媒体写作的人；

③ 喜欢看新媒体博文的读者等。

2）**需求驱动**

通过市场分析和生活观察，发现某些特定人群尚未被满足的需求或痛点，针对这些需求或痛点，在深入分析特定人群的消费喜好和消费心理后，根据他们的喜好，有针对性地开发设计产品或服务，精准匹配他们的消费需求。比如，时下生意火爆的中式轻食店，就是切中了那些想通过健康饮食管理体重，但不习惯单调寡淡的西式沙拉的群体的痛点。

4. 确定渠道通路

渠道通路，解决的是他人通过何种渠道认识和购买你的产品或服务，以及你通过什么途径为他人提供产品或服务的问题，也就是我们**常说的"怎么宣传""怎么交付"的问题**。

不同的客户群体有不同的信息获取渠道和消费通路，所以，我们必须在综合考虑目标客户群获取信息的渠道、消费偏好和行为模式后，才最终确定我们的渠道通路。**具体规划过程中，可以通过回答这些问题寻找答案：**

① 我可以通过什么方法让客户知道并信任我？

② 采用线上推广还是线下推广？

③ 目标客户群体经常在哪些平台活动？

④ 用什么方式交付产品或服务（比如直播、录播、社群分享、线下课等）？

⑤ 如果出现客户体验感差、投诉等售后问题，怎么处理？

5. 构建客户关系

客户关系的构建，同样需要根据不同的目标客户群做到"因时而动，因人而异"。

构建客户关系时，可以着重从以下几个角度考虑。

（1）关系时间：你是要和客户建立长期合作关系还是一次性合作？

（2）产品类别：你提供的是实物产品还是虚拟产品？

（3）消费频次：你提供的是高频消费产品还是低频消费产品？是单次服务还是会员服务？

（4）沟通方式：你与客户是以线上沟通为主还是以线下沟通为主？沟通渠道具体有哪些？

（5）服务策略：用什么方法可以提高客户满意度、忠诚度？

6. 寻找关键合作伙伴

关键合作伙伴，指的是能支持我们顺利完成工作，实现商业模式正常运转的个人或组织。

这里的支持，包括但不局限于给我们提供资金、资源支持，帮助我们牵线搭桥、创造合作机会，为我们出谋划策、分担任务、缓解压力。所以，在一人公司的商业模式运行中，除了直接的商业合作伙伴，我们的亲友、老师、同学，同样也是重要伙伴。

此时，我们可以把自己能想到的"可以给我提供支持的伙伴"都写下来。

写完后，我们需要继续思考：除了他们外，还有什么人能支持我？我该怎么链接到他们？

7. 规划关键业务

对于公司而言，关键业务包括研发、生产、销售以及其他能支持商业模式运转的关键活动。也就是说，关键业务不仅包括能为客户提供价值的工作，还包括财务管理、人力资源管理等其他维持内部运转的工作。如果把这一概念转化到一人公司上，那么产品定位、客户获取、个人IP打造、销售转化等，所有这些维持一人公司运转需要做的事情都是关键业务，也是本书会重点探讨的内容。

8. 设计收入来源

设计收入来源，除了可以帮我们明确一人公司的收入来源，还可以帮我们评估具体的产品或服务所具有的商业价值。以下为设计收入来源的步骤。

（1）**为产品或服务制定定价策略：** 价格是基于投入成本、市场竞争、客户付费能力、付费意愿等因素综合考虑的，而不是按自我意愿决定的。

（2）**确定收费模式：** 比如按小时收费、按量计费、一次性购买、订阅、年度会员等。

（3）**预测收入潜力：** 比如用户重复购买、老用户推荐新用户的可能性，以及我们能从中获得的满足感、成就感、发展机遇、名誉声望等其他附加收益。

9. 分析成本结构

需要付出的成本，同样可以**分为有形成本和无形成本两种**。

有形成本包括房租、学习培训费用、人员工资、水电支出等实际的金钱支出。

无形成本包括为了达成目标付出的时间、精力，在此过程中遭受的身心压力，以及可能产生的健康风险。

在一人公司实际运营中，有时无形成本带给我们的压力，可能比有形成本大，因此在分析某个具体商业项目的成本结构时，请尽量把有形成本和无形成本都纳入考虑范围。

看到这里，可能有朋友苦恼：商业画布中的很多内容根本回答不了，每个板块都无从下笔。如果你也是这样的情况，不必着急！我们现在画出的只是一张用来预演的草图，本书的后续章节会有更细致的方法，帮助我们去慢慢填充、修改、优化自己的"个人商业画布"。

此时，我们要做的事情是收好下面这张空白的"个人商业画布"（见图2-2），带着思考、困惑继续往下阅读，在阅读中慢慢填充自己的商业画布。

个人商业画布				
关键合作伙伴 谁能帮我	关键业务 我要做什么	价值主张 我能提供什么	客户关系 怎么打交道	客户细分 我能帮助谁
^	关键资源 我是谁 我拥有什么	^	渠道通路 怎么宣传 怎么交付	^
成本结构 我要付出什么				收入来源 我能得到什么

图 2-2 "个人商业画布"示意图

二、MVP 原则：五步设计出获利产品

就像前面提到的，没有核心产品支撑的公司宛如一个"空壳"。画出"个人商业画布"后，我们需要对一人公司的产品进行定位，设计出一人公司的第一款"获利产品"。"工欲善其事，必先利其器。"进行产品设计时，可以借鉴互联网企业、初创公司常用的产品开发工具——MVP 产品原则。

（一）什么是 MVP 原则

MVP 是最小可行性产品（Minimum Viable Product）的英文缩写。

这一产品设计原则的**核心观念是**：用最小的成本代价，快速建立一个可用产品原型，把这个产品原型投入市场测试是否符合用户预期，再通过获取用户反馈，不断修正、迭代产品，直到产品适应市场需求（见图 2-3）。

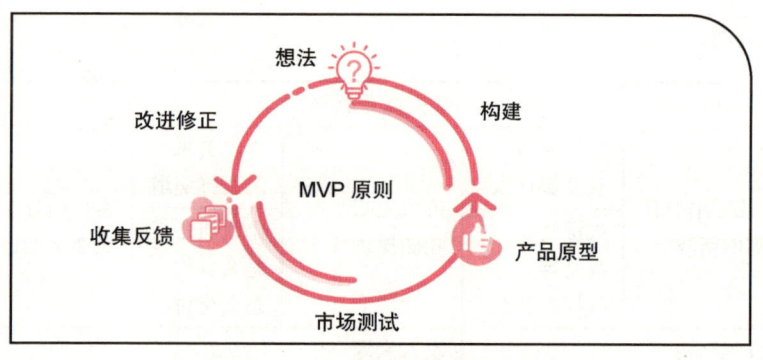

图 2-3　MVP 产品设计原则流程图

更简单一点，MVP 原则就是先用低投入、短时间做一个 60 分产

品，用最小成本去试错。

例如，我们熟悉的"大众点评网"最早的网站是创始人张涛用三天时间做出来的。

张涛最初做这个网站是因为身为美食爱好者的他发现，在偌大的上海要找到几家好吃的餐馆是件很难的事情。他自己知道的好吃的餐馆不多，朋友们知道的也有限，所以吃来吃去，吃的都是重复的几家餐馆。

于是，张涛萌生了一个想法：做一个能让消费者参与互动、点评，找到更多高品质餐馆的网站。

确定这个想法后，并不擅长编程的张涛找了一本《网页设计三剑客》的书，通过自学，做出了"大众点评网"最早的网站。

彼时，张涛并未和任何一家餐馆签订协议，他只是将自己在各类媒体中收集到的 1000 多家餐馆信息录入网站系统，然后在 BBS 上发帖拉人，说服亲朋好友使用"大众点评网"查找餐馆并添加评论。张涛通过这种推广方式，聚集了"大众点评网"的第一批种子用户。这个简陋的网站也成了"大众点评网"的商业模式起点。

除了减少时间、人力、金钱投入，降低试错成本之外，用 MVP 原则开发设计产品，还有一个很重要的意义：**避免闭门造车，盲目自嗨，做出一堆不符合用户需求的产品或服务。**

部分创业者在开发产品、做项目时，一心想"憋大招"，惊艳登场，整个过程中一直埋头苦干，既不测试产品，也不测试市场，投入了大量的时间、精力、金钱，最后产品出来、项目落地，用户却并不买账。

用户有需求，用户觉得好的产品，才是好产品。我们可以借助 MVP 原则在很短的时间内完成想法测试，从真实的用户评价、反馈中，了解到产品的可行性、市场空间，同时，我们还可以通过收集用户反馈，尽快得出产品优化、提升方案，避免闭门造车带来的用户不买账风险。

（二）五步设计出获利产品

在一人公司产品设计环节，借助 MVP 原则，可以有效减少试错成本，加快个人商业获利速率。具体怎么利用 MVP 原则，设计出自己的获利产品呢？在这里，我基于自己的实践和咨询经历，总结出了一个便于大家找到产品思路，把自己的创业想法落地的"五步获利产品设计法"（见图 2-4）。

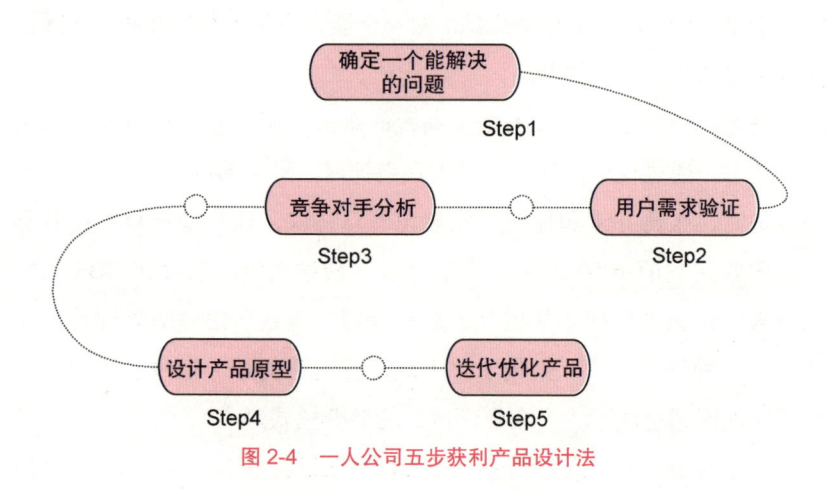

```
Step1: 确定一个能解决的问题
Step2: 用户需求验证
Step3: 竞争对手分析
Step4: 设计产品原型
Step5: 迭代优化产品
```

图 2-4　一人公司五步获利产品设计法

1. 确定一个能解决的问题

能帮助用户解决问题的"产品"才是好产品。

MVP 的第一步：先确定一个能为别人解决的问题。

我们可以从"个人商业画布"中列出的"关键资源"里寻找自己能为别人解决的问题。如果实在没有能帮别人解决的问题，可以从自己想要解决的问题入手，比如前面分享的张涛创建"大众点评网"的故事。

另外，我们也可以用帮助过自己的东西，去帮助别人（见图2-5）。比如，很多营养师、健身博主，他们最初都是因为想解决自身健康、肥胖问题而接触营养学、健身的，在自己从中获益之后，他们把自己积累的经验，学到的知识，分享给和曾经的自己有同样需求的人，用帮助过自己的东西去帮助他人。

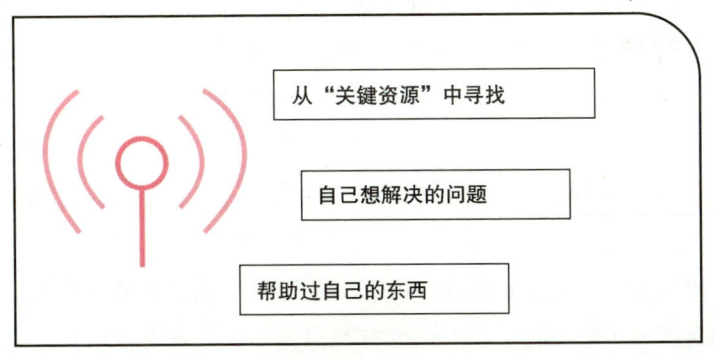

图 2-5　多角度找到自己能为别人解决的问题

2. 用户需求验证

有时候，我们以为能帮用户解决的问题，对于他们而言可能根本不是问题；我们自认为是用户很需要的东西，也可能只是一个不成立的"伪需求"。

例如，前几年针对懒人及没时间去美容店做护理的人群推出的上门美容服务，在一些一线城市很火。我所在的小城也有人跟风做起了上门美容的生意，殊不知在慢节奏的小城，有这个需求的客户寥寥无几，没过多久这位"追风人"就在社交平台上宣布创业失败了。

所以，**设计获利产品的第二步，是对用户需求进行验证，确定发现的用户痛点到底是真痛点还是假痛点；我们能帮其解决的问题是否**

真的是他们想解决的问题。

以下是一些能快捷验证用户需求的方法，大家可以根据实际情况和需要灵活选用：

（1）询问身边的亲朋好友；

（2）进行线上问卷调查，了解用户真实需求；

（3）线下真实访谈、问卷调研；

（4）去竞品的评论区看真实的用户评价和反馈；

（5）到艾瑞网、CBNDate 等网站查看权威报告分析。

3. 竞争对手分析

找到问题、验证需求后，接下来我们可以通过关键词搜索，在各个平台搜索了解市场上是否已经有类似的产品。如果市场上已经有竞品，可以从客户反馈、客户评价等维度，了解竞品的优势、不足，为后续产品原型设计中确定自身产品优势做准备。

如果市场上没有竞品，不要急着高兴、庆祝，这时，我们可以先回到上一步思考：为何没人做这件事？是因为政策限制，还是因为这其实是一个并不存在的"伪需求"？思考后，如果发现这确实是用户的真实需求，而且过程中也不存在无法克服的困难，再去庆祝也不迟。

4. 设计产品原型

到了关键的产品原型设计步骤，只要认真践行这几句话，我们的产品原型就完成大半了：

我是行动派，我没有"偶像包袱"！凡事先完成再完美，拒绝完美主义，拒绝思前想后，拒绝既要又要还要，我不需要考100分，我只要为客户解决好＿＿＿＿＿＿＿＿＿问题就可以了。

在这一步，如果我们规划的产品是课程、训练营、咨询服务、设计等虚拟产品，在有了初步设想后，我们就可以通过分享作品案例、告知服务内容等方式，尝试去招募第一批种子用户了，先把产品卖出去再去生产内容，而不是先做出产品再进行售卖。如果规划的是实物产品，在正式开店、铺货之前，可以先用朋友圈广告、个人微店、摆摊等方式去测试产品。

5. 迭代优化产品

把产品原型投入市场测试后，我们需要尽快收集客户反馈，然后根据用户的真实评价、反馈不断去调整、优化产品或服务，调整后再次把产品投入市场，交给用户评价；收集用户反馈后，再次迭代优化，直到做出一个能让更多用户满足的 80 分以上的产品。

三、常见九大"个人商业产品模型"

了解完 MVP 产品设计原则后，很多朋友可能对自己的"获利产品"有了清晰的方向和明确的规划，只是在一些具体细节上没想清楚，不知道怎么去落地执行。当然，也有一些朋友可能暂时还没找到适合自己的产品方向。为了帮助大家尽快确定个人商业模式，这一节我给大家总结了常见的九大"个人商业产品模型"（见图 2-6）。

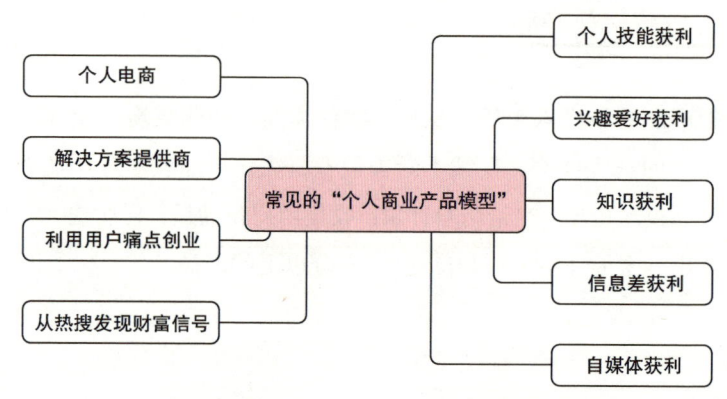

图 2-6 常见的九大"个人商业产品模型"

本节我们会先对常见的几大产品模型做一个简单了解，再在后续的小节中，对每种产品模型进行落地方案探讨和案例分享。

1. 个人技能获利

俗话说，"人有一技之长，不愁家里无粮"。

设计一人公司产品时，可以优先从自己掌握的技能中寻找获利点，把自己的优势能力直接转换成商品。这里的优势能力既包括写作、设计、编程、绘画、财务等能直接帮我们赚钱的专业技能，也包括化妆、做菜、做甜品等我们在生活中呈现出来的，比周围其他人突出的优势能力。

利用自己的技能获利，既可以帮我们减少前期学习、准备的时间，缩短一人公司商业获利的路径，也可以让我们不断从自己擅长的事情中获得正向反馈，有利于一人公司的持续运营。

此外，技能获利也是本书提到的所有"个人商业产品模型"中，为数不多的不受外部环境影响，还能让我们的一人公司持续增值的产品。所以，我们要学会珍视自己的每一项能力，不辜负自己曾经为此付出的努力和汗水。

2. 兴趣爱好获利

日本作家八木仁平说，"为钱工作的人，比不过为爱好工作的人"。

人在做自己喜欢的、感兴趣的事情时，不用耗费太多意志力就能自然地沉浸下去，但在做自己不喜欢和排斥的事情时，就算耗尽意志力也难以坚持下去。我们自幼被教育"天道酬勤""坚持就是胜利"，但各自成长过程中的失败经历又告诉我们：**做自己不喜欢、不适合的事情时，就是充满痛苦，且容易半途而废的。**

经营一人公司是一辈子的事情，如果我们能从自己的兴趣、爱好中，找到自己真正喜欢和想做的事情，并且能用自己喜欢的事情赚到钱，我们就会进入一种"我在快乐地工作→我从快乐的工作中获得了报酬和满足感→我更加快乐，并且动力十足→我享受持续精进的过程→用精进的技术获得更多报酬"的**正向循环**中。

3. 知识获利

知识获利相信大家都不陌生。一说到知识获利，大多数人会立马联想到"知识付费""卖课"等关键词。此时看到"知识获利"几个字，大家内心想法也是截然不同的：有人认为"知识获利"是卖课、"割韭菜"、交智商税；也有人认为，做知识产品太难了，我应该做不了……

这些想法都很容易理解，不过在我看来，"知识获利"并不仅仅局限于知识付费社群、训练营、课程等，像分享生活百科的泛知识博主，以及为应届生提供求职指导、简历修改的职场人，本质上也是在用自己的知识、经验获利。简而言之，知识获利并非只有知识付费产品这一种形式，本书中我给大家总结了知识获利的五大形式，详细的内容在后续内容中呈现。

4. 信息差获利

很多生意是靠信息差做成的。我们生活在一个信息高度发达的社会，地域之间的信息差看似被抹平了，但精确的大数据算法正在不断拉大不同群体之间的信息差，只要有人存在，就会有信息差，中间商的生意永远有市场，这是一个毋庸置疑的事实。

上一章提到，一人公司的发展目标是，通过打造合适的产品或服务，构建出长期、稳定并且能复利的业务模式。这里的产品、服务既可以是自己的产品或服务，也可以是他人的产品或服务。**当我们还不具备很强的产品开发和交付能力时，可以使用"中间商思维"，通过分销他人的产品或服务、"倒卖"信息等方式来获取报酬。**

信息分层明显的大数据时代，只要抓住大数据算法制造的信息差，学会利用不同行业、平台之间存在的渠道差、时间差，人人都有机会靠"中间商思维"提高自己的收入。

5. 自媒体获利

自媒体对个人商业的重要性不言而喻，现实中把自媒体当作不上班"退路"的人不在少数，但就像我们前面提到的，把自媒体当作唯一的"退路"，其实是件很危险的事情。

自媒体是个人商业获利必不可少的工具，但它也仅仅是个工具，不是自动"吐币机"，因此我们要做的是**使用工具，而非依赖工具**。为了便于大家找到适合自己的自媒体运营路线，本章我给大家总结了以下五大自媒体盈利方式。（1）自媒体+泛内容：赚甲方的钱。（2）自媒体+流量：赚平台的钱。（3）自媒体+个人IP：多元渠道收入。（4）自媒体+产品或案例：赚精准客户的钱。（5）自媒体+商品：赚陌生人的钱。

6. 个人电商

在人们已经习惯通过电商购物的今天，个人电商这种低成本、轻创业的模式，受到越来越多人的关注。所谓个人电商，通俗来讲就是以个人为主体在互联网上进行产品销售。

目前，除了大家熟悉的以个人身份开淘宝店、京东小店、微店外，人们还可以在抖音、小红书等社交平台上利用直播、短视频、图文等形式，开启一个人带货、卖货的电商之路。

和传统电商模式相比，"社交平台+电商"的个人电商模式，开店、运营流程都相对简单，一个人、一张身份、一台电脑、一部手机，就能开通个人电商店铺，直接开始卖货经营。详细的个人电商开店流程、选品技巧及运营注意事项，我们会在后续详细展开。

除了上述六种个人商业产品模型之外，本部分我们还会以案例的形式，具体分析第七、八、九种个人商业产品模型，即：**如何从解决身边的小问题开始，拓展延伸服务，成为解决方案提供商；如何利用用户痛点创业，发现抱怨、不满背后的商业机会**；如何从热点中洞察

到用户需求，从热搜、热评中找到财富信号，发现创业机会。

下面，我们会以"方法论+案例分享"的形式，具体分析上述九大常见的个人获利模式。需要特别说明的是，每个人都有自己独一无二的获利方式，我们无法完全照搬、复制他人的成功经验，因此本书中提及的所有新型职业、创业项目、个案经验，仅作为商业思维启发的参考案例，不带任何指向性引导。

（一）技能获利：把个人技能转化为产品

出于生存的本能，每个人都或多或少在特定领域积累了一定的"一技之长"。

遗憾的是，很多人空有"一技之长"，但一直找不到获利的途径，其实只要完成以下三步，就可以实现从个人技能到技能产品化的转变。

1. 梳理出自己的优势能力

要完成技能产品化过程，首先要对自己的优势能力进行梳理，从这些优势能力中找出能够进行商业化、产品化包装的能力。梳理优势能力时，可以从以下角度考虑。

（1）曾帮你获得工作或报酬的能力。

这里除了可以列出写作、设计、剪辑、编程等直接帮你拿到录取通知（offer）、获得工资收入的专业能力之外，还可以想一想那些间接帮你获得过收益的能力。

比如，你曾靠演讲比赛拿到奖金，那表达能力或许是可以帮你获利的能力；又如，你曾在大学期间连续获得奖学金，那么学习能力、考试能力就是你的优势能力。

（2）在某项具体工作中被夸赞的能力。

除了直接帮你获得工作和报酬之外的专业技能，你还可以想一想在做某项具体工作中，会因为什么受到别人的夸奖，其中可能就有你区别于他人的优势能力。

前面提到的写作、设计、剪辑等技能，都是可以通过刻意练习获得的；而人在无意识行为中呈现出的能力，往往才是更宝贵的。比如，小明是一名摄影师，但他常常因为情商高、能给客户提供情绪价值而被夸赞。那么，在后续产品化技能时，真正能体现小明差异化竞争优势的就是"情商高，会提供情绪价值"，而不是他的摄影能力。拍照好看的摄影师很多，但能为客户提供情绪价值的摄影师很珍贵。

（3）生活中擅长的事或被夸奖的能力。

列出你得心应手，或者你会但身边人大多数都不会，以及你日常生活中经常被亲朋好友夸赞的能力点，比如做饭、做甜品，日常交往中能记住身边大多数人的生日，以及擅长做出行安排等。

多角度梳理出自己的优势能力后（见图2-7），我们可以**从擅长度、喜爱度、市场需求等几个方面，对这些能力进行综合排序，选出综合排名靠前，或几个方面有重叠的能力，作为自己的获利技能。**

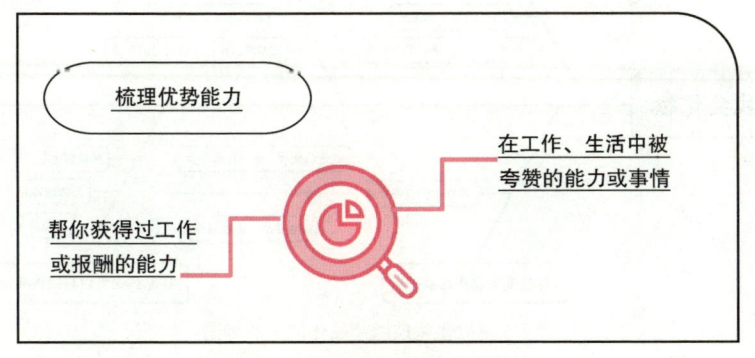

图2-7 多角度梳理自身优势能力

2. 把挑选出的优势技能产品化

从商业的角度来说，你拥有的任何技能，对用户来说都没有直接价值，只有把技能转变为课程、咨询、服务等能够直接进行交付的产品，切实帮用户解决了问题，他们才能从中感知到你的价值，这个过程就是"技能产品化"的过程。如何实现优势技能产品化呢？

最简单的方法就是：**用"反问法"倒推目标用户、使用场景和交付形式**。比如，你的技能是化妆，你可以反问自己：谁需要化妆？我能为客户提供什么？怎么做客户会觉得有价值？怎么做可以持续传递价值？

通过反问可以推导出，化妆的技能可以帮助用户变美，对于用户来说，在结婚、面试、演出等特定场景中化一个自己满意的妆容，或者自己学会日常妆造，知道怎么选择适合自己的彩妆等，都是有价值的，因此我们可以通过以下途径把"我会化妆"这个技能打造成产品（见图2-8）。

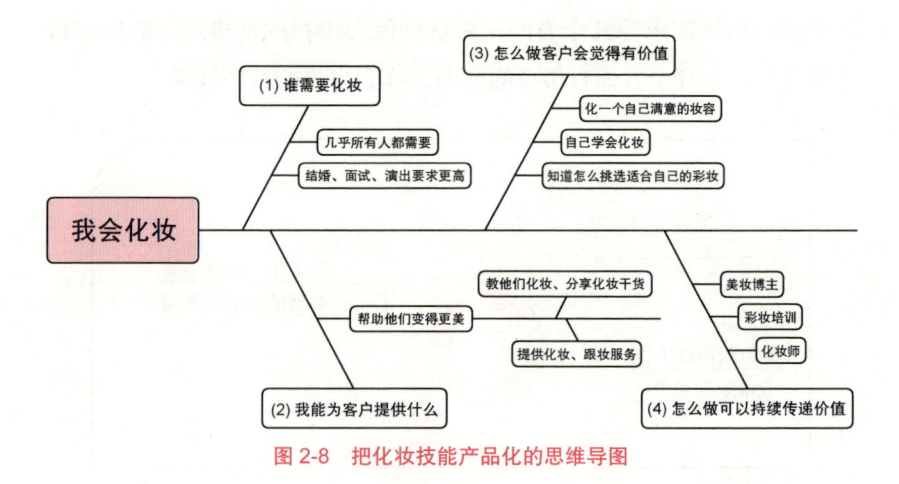

图2-8 把化妆技能产品化的思维导图

通过图 2-8，我们会发现：以化妆师的身份，为用户提供化妆、跟妆等服务；做化妆培训，教别人怎么化妆；成为美妆博主，分享化妆干货、教程等，都是能把"我会化妆"这一技能产品化的路径。

3. 思考如何批量复制技能

把技能转变成可交付的产品之后，我们可以**通过批量复制技能，进入技能获利进阶阶段，让个人技能在单位时间为我们创造更多价值**。同样以"我会化妆"为例，我们一起思考怎么批量复制这一技能。

方法 1： 和同行合作，组建临时团队，在自己忙不过来的时候，把客户交给合作的同行；合作承接团体妆造、舞台妆造等。

方法 2： 开发课程、举办培训班，前期可以针对一些有化妆需求的人，开发彩妆课程；累积更多经验和成功案例后，可以做客单价更高的化妆师培训课程。

方法 3： 在知识星球等平台创建付费社群，通过持续分享干货的形式，吸引更多有学习化妆、个人形象管理需求的用户加入社群，以一对多服务的形式，实现单位时间价值的提升。

方法 4： 利用自媒体杠杆，通过短视频、图文笔记、直播等形式，在公域中售卖自己开发的课程、一对多咨询服务、社群产品、彩妆产品等。

以上列举的这些方法，起到的只是一个抛砖引玉的作用，大家可以根据自己的服务内容、产品特性，发掘更多可快速实现技能复制的方法。

> **案例：农村出生，我靠写作实现了不上班自由**

我是靠写作改变命运的人，写作让我有了不上班的能力，以及对抗未来不确定风险的底气。虽然因为写作我过上了很多人眼中"不上班，有钱花"的自由生活，但我一直认为自己并不是一个写作能力特别突出的人。

我之所以能靠写作过上不上班的自由生活，不是因为我特别会写，而是我知道怎么**把自己不值一提的优势能力放大、重组、整合成为竞争力**。下面是我通过写作变现，实现收入增长的三个重要节点。

1. 写作 + 爱好，赚到第一笔稿费

我生于农村、长于农村，没有上兴趣班培养各种艺术特长的机会，从小到大我最喜欢的事就是看书、看电视，或者拿个小凳子到村口听大爷大妈讲各种传奇故事。追剧、看综艺、听八卦……多么不学无术的爱好！

但正是因为这些爱好，加上勉强还算通顺的文笔，大四寒假我通过试稿成为一档自制"娱乐脱口秀"节目的兼职文字编导，节目一周三更，每期稿费 800～1000 元。这个稿费，对于那时还是学生的我来说，是一笔可观的收入。也是因为这份副业收入，让我可以在刚毕业找工作时，去尝试很多工作，排除了一些自己不喜欢的工作。

用自己的兴趣爱好和优势能力组合，可能会把我们本来不突出的优势能力放大，变成我们的差异化竞争优势（见图 2-9），就像我那并不突出的写作能力，搭配上不学无术的爱好，居然成了娱乐行业需要的制造爆款内容的能力。

兴趣爱好 ＋ 优势能力 ＝ 差异化竞争优势

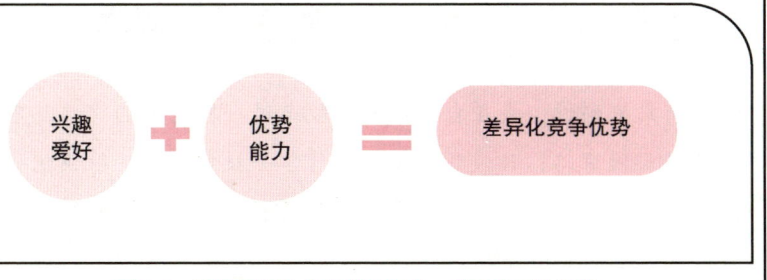

图 2-9　兴趣爱好和优势能力组合，发现差异化优势

2. 写作＋交叉领域，收入增长

2014 年，大学毕业后，我怀揣新闻梦进入一家新闻网站当实习编辑。

2015 年，新闻梦碎后，我从媒体行业离职，误打误撞进入一家广告公司，成为一名月薪 4000 的文案。

在广告公司工作期间，我了解到我所在的城市普通文案月薪在 3000～6000 元，品牌全案策划的工资在 5000～15 000 元，从外地请来的商业咨询顾问，单次收费达五位数，甚至六位数。

了解到这些信息后，我暗暗下定决心要在一年内成为一名品牌全案策划，并且朝着商业咨询顾问的方向努力。之后，我一边上班一边自学营销知识和管理学知识。

8 个月后，我从广告公司跳槽到了一家品牌营销咨询公司，如愿成为一名品牌全案策划，工资也比之前提高了不少。

这次跳槽的经历让我明白：写作是一项万金油技能，它能被用在各行各业中，和这些行业需要掌握的知识、技能结合后，会产生 1+1≥2 的效果。同理，**你掌握的任何优势技能，和其他交叉领域技能组合，都有可能放大你的竞争优势，帮你实现收入增长。**

3. 深耕、复制、迁移优势技能，实现多元收入

前文提到过，我在自由职业阶段走过一段时间的弯路，不过也正是那段弯路，让我明白了靠出售单一技能获利，很快就会达到收入、体力的天花板。要想突破技能获利的局限，实现多元收入，可以从以下三方面努力。

第一，**深耕优势技能，成为细分领域的专家**，提高自己的单位时间价值。所以，在创业之后的很长一段时间，我把自己的注意力放到了提升自己的商业咨询能力上。

第二，**复制自己的技能**，通过课程、出书、做自媒体，让自己凭借一次输出的内容，重复多次获利。

第三，**把自己的优势能力和经验迁移到其他行业**，比如，我现在把自己做品牌、企业咨询的经验，迁移到个人品牌、个人商业咨询上，设计开发了个人品牌打造、个人商业咨询的产品或服务，拓宽了自己的收入渠道。

（二）兴趣获利：你的爱好，就是你的生产力

前文提到，找到自己喜欢的事，用自己的兴趣爱好获利，能让我们进入成长的正向循环。但遗憾的是，现实生活中很多朋友整天忙忙碌碌却不知道自己真正想做的事情是什么；还有的朋友清楚地知道自己的心之所爱，并且为之付出了很多努力，但一直无法把爱好转化为财富。

针对大家这些常见的困惑，本小节我们会详细探讨如何找到自己真正想做的事，以及如何把自己的爱好打磨成产品，转化为生产力。

1. 识别内心真正的爱好

用兴趣爱好获利，首先我们要学会识别自己内心真正的爱好，确定自己的爱好究竟是功利主义的爱好，还是发自内心的爱好。

什么是功利主义的爱好？什么是发自内心的爱好？

功利主义的爱好，即我觉得这个东西有用，所以我喜欢；而**发自内心的爱好**，是我对这个东西有兴趣，所以我喜欢（见图2-10）。

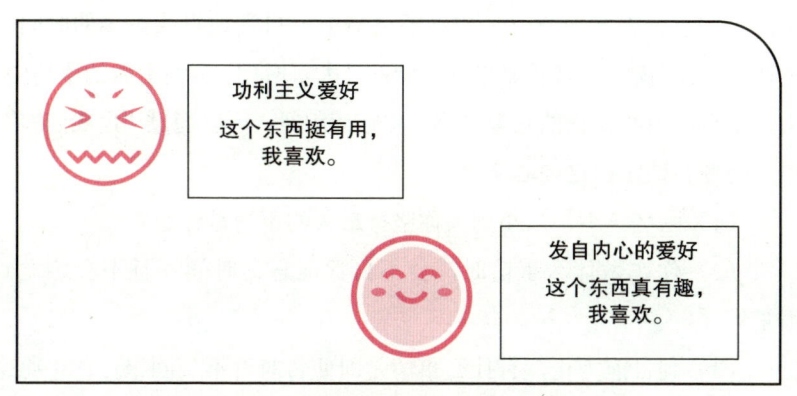

图 2-10　功利主义爱好和发自内心的爱好

发自内心的爱好是我们隐藏的生产力和财富，但功利主义的爱好却不一定能帮我们实现商业转化。因为，功利主义爱好的出发点是：我认为这个事情对我有用，我觉得我能从中得到"回报"。基于这个有用假设，我们会产生一种"我真的很喜欢这件事"的错觉，但这只是浮于表面的喜欢，很多时候并不足以支撑我们完成一次完整的商业转化。

比如，自媒体上很多新人博主会这样介绍自己："喜欢穿搭，和微胖妹妹分享日常穿搭。""喜欢读书，努力做一个长脑子也长钱包的读书博主。""喜欢健身，分享减脂健身日常。"……

他们标榜自己喜欢穿搭、喜欢读书、喜欢健身，但主页大多数内容与此无关。连续发了几条内容后，数据不是很乐观，于是他们开始发帖抱怨"自媒体赚钱就是一个骗局,普通人根本吃不了自媒体这碗饭"。过一段时间,再去看他们的主页,他们可能已经停更许久,或早已修改简介转战其他赛道了。

前文说过,**人在做自己喜欢的事情时,无须消耗太多意志力就能坚持下去**。显然,功利主义的"伪爱好"并不具备这样的特点。那么,怎么判断自己的爱好究竟是功利主义的"伪爱好",还是发自内心的"真爱好"呢?

网上有句俏皮话,说:"**时间和钱花在哪里,爱就在哪里。**"确实,人们总会在自己喜欢、想做的事情上不自觉地投入更多的时间和金钱。所以,我们可以从那些自己投入过大量时间、金钱去做的事情中,去发掘自己内心真正的热爱之事。实际运用时,可以**通过"自我问答"以下问题,锁定自己内心所爱**。

(1)回忆一下,从小到大你坚持最久的事情是什么?

(2)你在做什么事情时,会不自觉地忘记时间并且不会感觉到很累?

(3)到目前为止,有什么事情是即便暂时看不到回报,你也愿意去做的?

(4)你在做什么事情的时候会不自觉嘴角上扬,并且能从中获得持续的快乐?

(5)有什么事情是即使要交学费你也想去学习的?

(6)打开购物和消费记录,看一看你为哪个爱好持续投入过金钱?

2. 三招把爱好变成"钞能力"

找到自己真正的爱好后,接下来我们需要思考:如何把自己的爱好转变为能获利的生产力。在此,我通过实践案例为大家总结了三个能把个人爱好转变为财富的小妙招。

1）喜欢的事 + 擅长的事

通过前面的爱好识别和上一小节中"优势能力"的梳理，我们已经分别找到自己喜欢和擅长的事情了，现在我们可以把自己喜欢和擅长的事进行组合，可能会产生 1+1 ≥ 2 的效果。**用"喜欢的事 + 擅长的事"会让一些并不出众的能力，在新领域中成为核心竞争力。**

例如，我有一个朋友很喜欢画画，自学了很多年的插画，但是她的画画能力距离专业的插画师还有很远，她不可能靠单一的插画技能获利。但她是一个逻辑思维很清晰、擅长归纳总结的人，所以她把自己喜欢和擅长的事情进行结合后，成了一名"视觉笔记"设计师，在为读书会、创业团队等提供视觉笔记设计服务的同时，她还开设了自己的"视觉笔记设计课"，课程受到很多手账爱好者和学生的喜爱（见图 2-11）。

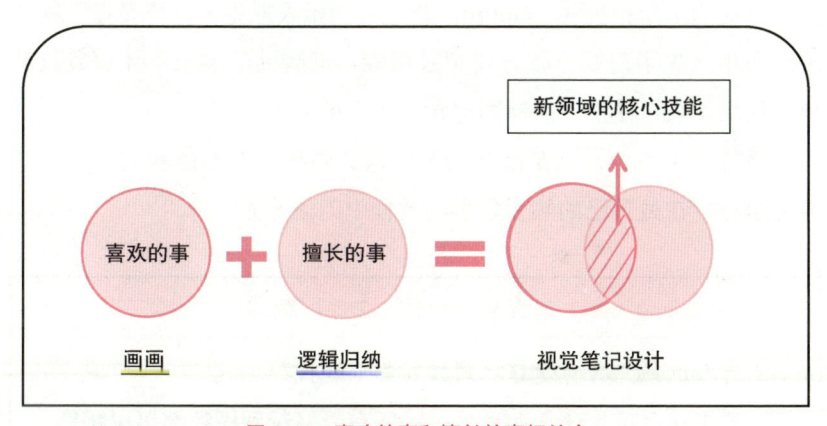

图 2-11 喜欢的事和擅长的事相结合

2）刻意练习：把爱好变成特长

现在，可能有朋友会感到困惑：找不到可以和自己的爱好组合的优势能力怎么办？只有爱好没有特长怎么办？很简单，通过刻意练习，把自己的爱好变成自己的特长，虽然这可能需要付出很长时间的努力和积累，但成长是终身的事情，慢一点儿又有什么关系呢？

就像钢琴家不是一夜之间就成为钢琴家的，所有的"××家"在成为被大家看到的"大家"之前，都在背后默默进行了无数的刻意练习。有关刻意练习、持续精进的内容，我们会在本书第六章详细展开。

3）为"同好者"提供产品服务

懒人最知道懒人需要什么，爱美的人更了解爱美之人的心理……**人往往最了解，也最容易获得和自己相似的人的肯定。**心理学上有个**"自己人"效应**，指的是当对方把你和他归于某方面一致的人，把你当成"自己人"后，你说的话、做的事就会很容易得到对方的信任、支持。所以，在做一人公司规划时，你可以试着找到那些和你有相同兴趣爱好的人，想一想你自己需要什么，他们需要什么。然后，根据你们的共同需要，去开发设计对应的产品或服务。比如，深受滑雪、冲浪等极限运动爱好者喜欢的运动相机——GoPro，就是其创始人尼克·伍德曼在一次冲浪过程中产生了需要一款方便记录极限运动瞬间的需求，才研发设计出了这款小巧、便携、能够固定在手腕上的相机。

爱好是生产力，也是战斗力和财富。希望大家都能找到自己的热爱之事，并在做自己的热爱之事的过程中闪闪发光。

案例："烧钱"去玩的户外运动，原来是门好生意

有人说，"所有爱好玩到极致都很烧钱"。

其实这句话反过来也成立——**所有爱好玩到极致都可以赚钱**。

2022年，社交媒体上刮起一阵"精致露营"风。

露营风吹得最猛烈的那段日子，朋友圈几乎每天都有人在晒自己的精致露营日志。那段时间，帐篷、夜灯、烤架、天幕、摩卡壶等露营必备的装备，一跃成为各大电商平台的畅销品。

一些沉迷于"精致露营"的玩家，不惜"一掷千金"去购买一张露营桌，花费万金去升级一顶帐篷，很多人光是在升级露营装备这件事上就花费了十几万元。露营，这项原本看起来没任何门槛的户外运动，居然成了一场烧钱升级装备的竞赛。

有人烧钱，自然就有人在赚钱。

经营酒吧的老张是一名忠实的户外运动爱好者，2020年之前，他几乎每个月都会去户外徒步或骑行。2020年后，老张被迫在家了很久，习惯在自然中找寻乐趣的老张，因为受不了一直困在家中，开始在节假日张罗着与身边的亲朋好友到近郊露营，放松心情。

2022年春节期间，老张在社交平台分享了带一家人去露营的照片，照片发出去没多久，评论区就有人问："请问帐篷在哪里买的？""烧烤架什么牌子的？""帐篷可以租吗？"

看着评论区热火朝天的问题，老张敏锐察觉到这或许是一个商机。他和另一个同样喜欢户外运动的朋友合计之后，一人投资2.5万元，火速购置了一批露营装备，做起了露营装备租赁的生意。生意开张第一天他们就租出去了30多套设备，不到一个月的时间就赚回了最初在装备上投入的钱。

之后，趁着露营热的东风，老张和合伙人靠租赁装备小赚了一笔。这时，老张意识到原来自己喜欢的户外运动，是门好生意，很多玩家愿意为自己的爱好一掷千金。所以，老张决定把一直亏损的酒吧转让出去，转行到户外行业。酒吧转让后，有朋友建议老张拿这笔钱去投资开发一个露营营地。

但作为资深户外运动爱好者的老张认为，眼下的露营热只是一阵风，这阵风结束后，和他一样的老户外人会回归原本自己喜欢的运动上，而一些因为露营接触户外运动的人，可能会在对露营的热情消散后，喜欢上骑行、徒步等轻户外运动。

63

> 所以，老张并没有听朋友的建议去开发露营营地，而是筹划组建了一个户外运动社群，联系了骑行、徒步装备的供应商，设计了几条所在城市周边适合新人徒步、骑行的路线。
>
> 就像前文说的，人往往更了解和自己有相同爱好的人。
>
> 事实证明，老张的判断没有错。
>
> 2023年露营热度渐渐减退，一大批向往自由的年轻人及厌倦了职场加班的打工人，爱上了徒步、户外骑行，老张又一次抓住了机遇。

（三）知识获利：你知道的一切都很值钱

我们所知道的一切都很值钱。

日常学习、工作、生活中积累的点滴经验、知识，都可能会成为个人商业获利的起点。

这一小节会分享五个把知识、经验打包成获利产品的思路（见图2-12）。具体的产品呈现形式，既有简单的初级知识产品，也有可复利的深加工知识产品。想通过知识产品获利的创业者，可以根据自身情况灵活选择"起点"，并在过程中不断探索、迭代自己的产品。

知识产品开发思路

- 售卖攻略
- 一对一咨询服务
- 创建社群
- 付费课程、训练营
- 泛知识+自媒体

图2-12　把知识、经验打包成获利产品的思路

1. 售卖攻略

知识获利最简单的方式是：卖经验、卖攻略。

现在，大家碰到任何问题，小到"狗狗不吃狗粮怎么办""上班第一天穿什么"这种生活琐事，大到"如何通过一门重要考试""如何找到自己的人生方向"等人生大事，都会惯性上网找攻略、搜答案。经验不分大小，知识无小事，日常我们在工作、学习、生活中积累到的能成功处理某件事、解决某个问题的方法，甚至很多我们习以为常的生活常识、工作基本知识都可能成为别人需要的解决方案。

因此，我们可以把这些经验、干货，以文字或视频的形式总结成攻略，上架到小红书、闲鱼等平台销售。这样我们的知识、经验，就变成了一个初级的知识产品。

例如，在小红书上，很多考研博主总结了自己的背书方法、专业课常见名词解释资料，放在个人店铺进行售卖，销量都很不错。一到求职季，各种个人简历模板（见图 2-13）、大厂自我介绍模板等资料就会大受欢迎。

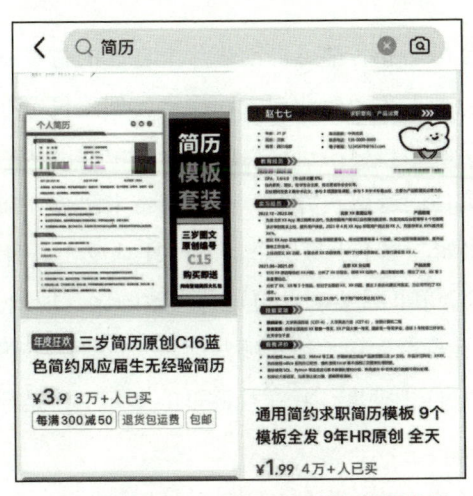

图 2-13　小红书平台求职简历模板销量举例

2. 一对一咨询服务

除了卖攻略之外，锁定某个特定方向，为目标客户提供"一对一咨询服务"，也是一种比较简单的知识获利方法。很多做知识付费产品的教练说，一对一咨询是性价比极低、可复制性极差的一种产品交付方式，不建议作为主营产品。但一对一咨询也分很多种，以我所在的营销咨询行业为例，一对一的商业咨询的费用少到几千元，多到几百万元，甚至上千万元。

==一人公司产品模型探索初期，大家不必给自己划定太多的条条框框，不必提前预设哪种产品形态有前景、哪种产品形态没前途==。对于准备主营知识产品的创业者来说，创业初期投入时间、精力去为目标用户提供一对一咨询服务是很有必要的，因为这可以帮我们了解用户的需求、痛点，在咨询中逐渐形成自己可复制的标准化产品。

3. 创建社群

每个一人公司创业者都可以创建一个自己的付费社群，帮助我们完成知识获利和一人公司商业模式的探索。创建付费社群时，创业者可以先设置好明确的目标用户群，或选好一个能解决的问题，以帮助用户提供某些具体问题解决方案，或者以带来陪伴、成长价值为导向去创建社群。比如，"不上班俱乐部""21天吃出好身材"等。

==创建社群前，我们需要对社群进行大致的运营规划：==

（1）这个社群能帮用户解决哪些问题，提供哪些服务？

（2）作为社群主理人，我在社群里的主要工作是什么，我希望用户怎样参与互动？

（3）我应该怎么引流？怎么招募社群成员？

思考完以上这些问题，再去着手创建社群，前期如果担心招募不到社群成员，可以设置一个相对较低的价格，之后再慢慢调价。

4. 付费课程、训练营

课程、训练营是大家最熟悉的知识获利的产品形式，当一人公司的产品以这两种形式呈现时，创业者一定已经在自己的专业领域完成了长时间的经验积累，拥有了能帮自己获利的某项技能，具体课程开发、内容的设置，创业者们应该也能手到擒来了。

但要提醒各位创业者注意的是，**知识产品交付的是结果，是陪伴，是服务，而不是内容本身**，因此大家在设计课程之前一定要明确：这是为谁打造的课程？这个课程可以帮他们解决什么问题？带来什么改变和收益？怎么做才能帮他们取得结果？

5. 泛知识 + 自媒体

除了上述方法之外，还有一种知识获利的路径：通过"泛知识 + 自媒体" **先抓住流量红利，之后再借助个人 IP 影响力进行商业转化**。目前，抖音、快手、小红书等各大自媒体平台都在对"泛知识"内容进行流量扶持，创业者可以趁着这个红利期通过"泛知识"分享探索更多个人商业可能。

何谓泛知识？ 简单来说，所有能给个人成长带来帮助，对生活有实际用处，能帮助个人拓宽认知边界，带来自我提升和满足感的内容都可以被称为泛知识。比如，"怎么写个人简历""怎么提高睡眠质量""如何无痛早起"，等等。一个月内涨粉百万，全网粉丝量接近 500 万的短视频博主"打工仔小张"，就是靠分享"如何如何"系列泛知识，快速爆火出圈。以下为"打工仔小张"的故事分享。

案例：靠教人坐高铁而圈粉百万的另类知识博主

2023年春运期间，短视频博主"打工仔小张"一条"第一次去高铁站，如何坐高铁"的视频火爆全网。视频中，小张拖着行李箱一边进高铁站一边说："我这次回去坐高铁，评论区好像也是有蛮多人没坐过高铁的，虽然感觉好像没太多人会想要看这个，但是万一呢？万一有人需要呢？"

之后，小张在视频中详细介绍了到高铁站之后如何过安检，如何取纸质票和报销凭证，如何候车，如何查看车次信息，如何找到自己的座位等乘高铁注意事项。视频最后，小张说："如果觉得有任何没讲清楚的地方，都可以在评论区问，会有很多好心人告诉你该怎么解决的。"

这条原本小张以为不会有太多人想要看的视频，发布后收到很多网友的点赞。有网友说，感觉这种科普视频真的很有意义；也有网友表示，这条视频拯救社恐、即将第一次出远门的自己；还有网友把视频分享给农村老家的母亲，母亲靠这条视频成功坐上高铁去北京看她……在网友们的积极互动下，最终小张这条视频在抖音的点赞量超过了60万。

之后，小张陆续拍摄了——"第一次如何自己一个人去医院看病""第一次如何坐地铁并且换乘不同线路""第一次如何坐飞机""第一次如何去麦当劳、肯德基、星巴克点单"等"如何如何"系列短视频。凭借这个系列的短视频，小张一个月涨粉百万，截至目前，她这个系列的视频在抖音上的总播放量已经达到2.6亿次（见图2-14）。

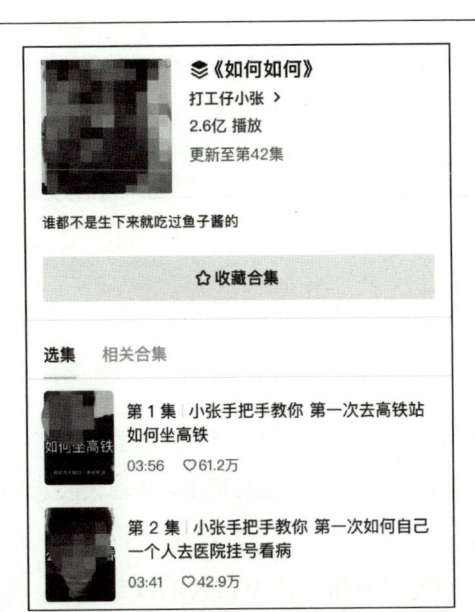

图 2-14 博主"打工仔小张""如何如何"系列作品抖音播放量

"如何如何"系列出圈后，小张继续在短视频上分享着各种看似简单的生活常识的科普视频，以及自己的生活、生存感悟，这些琐碎的生活常识让小张在全网累积了接近 500 万粉丝，被网友亲切地誉为"社会生存学顶流"。

信息时代，大家都生活在一个由大数据算法、分层铸造的"信息茧房"中，习惯在同温层中思考、行动，有一种"眼前即世界"的错觉。但其实，我们每个人都有自己独特的成长经历、生活、工作体验，每个人都掌握着别人未知的生存常识、生活知识，那些我们以为是"常识"的东西，可能恰恰是别人未曾触及的知识盲区。

知识没有"有用"和"无用"之分，只有"需要"和"不需要"之分，很多我们以为不需要的知识、经验，可能恰恰是他人所需

69

> 要的。如果你有做知识产品的想法，但又没有具体的方向，不妨试着从自己习以为常的"常识"入手，以真诚、利他的心态开始分享，或许会有意想不到的收获。

（四）信息差：人人能复制的获利模式

关于信息差，有两种主流观点：

观点一：商业的底座是信息差，很多生意都是靠信息差完成的；

观点二：信息时代，信息差被磨平了，普通人要想靠信息差赚到钱，几乎不可能了。

第一种观点很容易理解，本章提及的技能获利、兴趣获利，本质上也是在利用"我会，你不会；我知，你不知"的信息差实现商业获利；第二种观点，听起来颇为悲凉，但被很多人当作不可改变的既定事实。信息差真的不存在了吗？普通人真的无法靠信息差获利了吗？

其实，就像我们前面提到的，**信息越发达，人们越容易被"信息茧房"困住**。信息差一直存在，普通人利用信息差获利的通路也一直存在，本小节我们将详细探讨普通人利用信息差获利的方法和心得。

1. 巧用"算法"制造的信息差

从前面"打工仔小张"的故事中，我们可以发现：互联网看似帮我们打破了信息壁垒，打开了看世界的全新视角，但**在大数据算法的精准推送下，我们每天被动接收到的都是被窄化、筛选过的，与我们的兴趣、信念、价值观匹配的"同温层"信息。**

精准的大数据算法为每个人精心铸造了一座巨大的"信息茧房"，

无形中制造了群体与群体之间完全不对称的信息差。从信息接收者的角度来说，大数据算法会让我们的认知窄化、思考受限；但**从商业的角度而言，只要我们主动跳出大数据的"围猎"，从被动接收信息变成主动获取信息，横亘在算法中的信息差就可能变成我们发现商业机会的钥匙。**

例如，在和父母辈的相处上，有人在互联网上抱怨和父母之间代沟大、难以沟通，也有人利用和父母辈之间的信息差创业。我之前看到有朋友分享，自己在某短视频平台直播，用AI为父母辈的人定制姓名、生肖头像，每场直播观场人数近万，最好的时候，单场直播最高收益超过五位数。

之后，经过深入了解，我才发现原来很多做知识产品、电商的朋友，已经悄悄转移战场，去深耕"银发经济"了。曾经有个热搜说，父母手机里看到的，是和我们截然不同的两个世界。其实，不仅是父母与我们，任意两个生活在不同时代、不同区域、不同成长环境中的人，所掌握的信息都是天差地别的。身为创业者，如果学会主动跳出自己的固有圈子，多去接触接触圈子之外的人群，或许会发现更多商业机会。

2. 利用渠道差、时间差

除了信息本身的内容差异外，还可以**从信息传播的渠道差、流动的时间差中去发现商机。**

有一次我在抖音看到一个教人"如何在小红书开店"的直播间，点进直播间一看，直播在线人数有1000多人，而单价199元的课程，单场直播已经卖出上百份，课程内容就是简单的如何注册开店、类目怎么选择、怎么上架产品等基础运营内容。

当时，看到这番情形，我的第一反应是：无良机构！这种课程内容设置也敢出来"卖"。

但是，退出直播间后，我随即意识到——**是"信息茧房"让我变得浅薄、狭隘了**。

我站在自己的角度，在心里默默给他人的课程做了一个评判，完全忽略了市场需要的问题。目前，抖音用户总量超过 9 亿，小红书用户总量是 3.5 亿，也就是大概有 5.5 亿的抖音用户并没有使用过小红书，更不知道小红书开店是怎么一回事。对于这部分人群来说，这样的课程内容设置，其实是很有价值的。

分享这个经历是想告诉大家，不同渠道、不同行业之间，其实也是存在信息差的。因为信息流动速度不一样，不同的人群接收到同一信息的时间、渠道，可能是完全不同的。如果我们利用好信息流动的时间差和渠道差，把从这个渠道、领域获取的信息差、积攒的能力，快速迁移、运用到另一个渠道、领域，我们就可以从中获得一定红利。比如，第一批做个人 IP 咨询的老师，其实很多是做企业咨询、品牌咨询的。

3. 信息差获利的秘密

通过上面的内容，很多朋友可能发现了**利用信息差获利的秘密：**

第一，从被动地、侵入式地接收信息，变成主动获取、掌握信息；打破渠道依赖，不过分依赖某一信息渠道，学会多渠道获取信息。

第二，信息差其实是时间差、认知差、执行差，能快速迁移、运用的信息差才有价值。

第三，信息一直在变化，信息差会变化、会过时、会消失。如果不能保持对信息的敏锐度和洞察力，靠信息差获得的收益可能是暂时的。

这样看来，虽然信息差一直都在，但普通人要想靠信息差获利，也似乎不是易事。

问题的背面往往是解决方案，如果想快速打破信息差，并且利用信息差获利，还有一个更便捷的方法——**向掌握信息差的人学习**。走出新手区，去信息流动更快、竞争更激烈的行业、市场中去向各行各业的高手学习，再把这些信息迁移到自己的领域，或者直接把你获取到的信息差"卖"出去。下面是几个靠出售信息差获利的案例。

案例：成为一个会赚钱的"中间商"

前段时间，和一个很敬重的行业前辈聊天。他笑称，自己目前已经处于半退休状态，一年接一两个合眼缘的商业案例，偶尔做"中间人"，帮以前的老客户卖卖老茶。这位前辈，在普洱茶策划行业深耕30多年，对普洱茶行业全产业链都十分了解，是业内公认的茶企外脑专家，同时，他本人也是一个资深茶客和茶文化研究爱好者。

因此，除了甲方会找他做咨询，很多茶庄老板、资深茶客，也会找他找茶叶。

就这样，这位前辈成为串联茶企、茶庄老板、茶客的中间人，帮企业卖出产品的同时，也帮开茶庄的老板、老茶客找到自己想要的好茶，这位前辈自己也可以从中获得收益。

大家可能经常在购物时听到这样一句话："厂家直销，没有中间商赚差价。"

于是，很多人觉得"中间商赚差价"是件令人讨厌的事情。

但其实，**很多行业的上下游之间是存在技术和信息壁垒的**，如果没有中间人，下游企业、用户要想通过自己的能力和资源链接到上游企业是件复杂而困难的事情，而上游的原料、产品也无法顺畅地销售出去。

基于这个现实因素，在传统行业，不少有经验的企业经营者、消费者，会主动寻找像这位前辈一样，掌握上下游信息的中间人牵线搭桥，以便顺利完成交易，并实现降本增效。

当然，并不是只有像这位前辈一样，自己有多年行业经验、资源积累，才能成为中间人。==中间人就像连接生产端和用户端的一架桥梁，只要我们能把从生产端获取的信息，转卖给消费端不知道这个信息的用户，就能从中赚取差价。==

也就是说，只要主动向生产端寻找信息，人人都可以成为连接生产方和消费者的中间商。

比如，很多靠知识产品获利的人，其实他们本身并没有开发自己的知识产品，而是以"中间商"身份，把一些行业大V的知识产品分享、销售给用户，自己从中获得销售提成。这种方式既解决了用户信任问题，又免去了自己开发产品、交付产品的麻烦。同时，"中间商"自己可以在这个过程中，近距离和"大佬"学习如何运营产品、如何交付产品，为日后推出自己的产品积累经验。

因此，当我们的产品开发能力较弱时，可以先从代理、销售别人的优质产品或服务开始，通过做"中间商"，一边了解用户需求一边和比自己厉害的人学习，同时还能利用信息差获利。

（五）自媒体获利的五大方式

自媒体是这个时代留给普通人的为数不多的"时代红利"之一，不论你的出身、背景如何，不管你的学历、样貌怎么样，只要找准方向、持续努力，每个人都有机会抓住自媒体的财富红利。

这时，记忆力好的朋友可能会困惑：第一章不是说，当全职博主是一件很危险的事,把自媒体当退路,结果可能会是"死路"吗?这难道不是前后矛盾吗?

这当然不是前后矛盾的两种观点,因为自媒体的本质是一个杠杆工具。我们借助这个工具,可以链接更多客户资源、人脉资源,收获更多财富机会。此外,自媒体在帮我们获客、转化、获利的同时,还能帮我们扩大自身影响力,放大商业势能(见图2-15)。

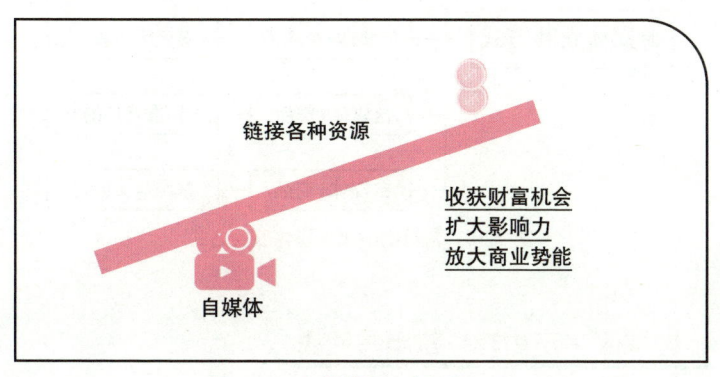

图 2-15 自媒体是一个杠杆工具

既然是工具,人类对待工具正确的做法是——使用工具、利用工具,而非依赖工具。

前面提到的"把自媒体当作唯一退路"这种做法,之所以不可取,就是因为对工具过于依赖,容易心态崩溃,结果适得其反。生活中,有一些全职妈妈、失业人群,会误把自媒体当"救命稻草",妄图通过上一个2988元,或者6988元,或者9888元的自媒体获利课,就实现逆风翻盘,爆改人生。最后,结果往往是各种各样的自媒体付费课上了一轮又一轮,真正靠自媒体赚到的钱却屈指可数。

普通人如果想利用自媒体这根杠杆创造更多的价值,那么首先要弄清楚自媒体获利的方式有哪些,这样才能通过对比不同的自媒体获利方式,选出适合自己并且能长期坚持的自媒体运营路径。

以下是常见的五大自媒体获利方式（见图 2-16），大家可以根据自己的实际情况以及一人公司运营规划去合理选择自己的自媒体营利路径。

```
                    ┌─ 自媒体+泛内容 ─── 赚甲方的钱
                    │
                    ├─ 自媒体+流量 ───── 赚平台的钱
                    │
  自媒体获利方式 ───┼─ 自媒体+个人IP ── 多元渠道收入
                    │
                    ├─ 自媒体+产品 ───── 赚精准客户的钱
                    │
                    └─ 自媒体+商品 ───── 赚陌生人的钱
```

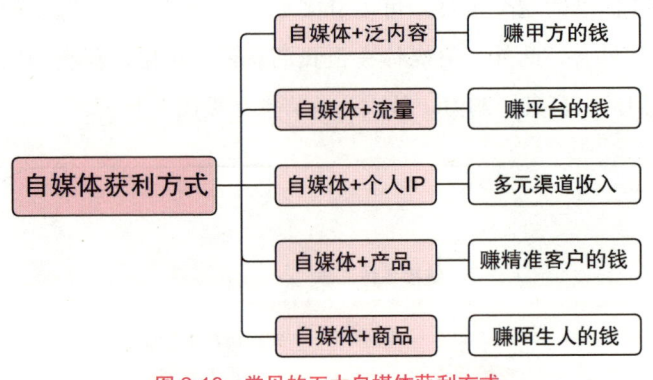

图 2-16　常见的五大自媒体获利方式

1. 自媒体 + 泛内容：赚甲方的钱

持续输出优质内容，积累一定粉丝之后，通过接商业广告、直播带货的方式获取收入，也就是我们常说的"当博主"，通过接广告带货获利，赚甲方的钱。

这是一条众所周知的自媒体获利路径，或许是因为社交媒体上通过这条路径成功的案例太多，让大家产生了一种"当博主很容易""收入没有上限"的错觉，可事实上这条路走起来并不轻松，如果你选择走这条路，那么在出发前请做好以下这些准备：

（1）要有持续输出内容的能力，并且做好前期不赚钱的准备；

（2）前期需要先积累一定粉丝，才能开启商业合作功能；

（3）有粉丝不代表一定能获利，被甲方注意并选中，你才可能拿到广告收入；

（4）做好有时可能一个月也接不到任何一条广告的准备。

2. 自媒体＋流量：赚平台的钱

我们经常会在一些短视频平台，刷到类似"这个男人叫小帅，这个女人叫小美"的影视解说视频，或者明星八卦、动漫、游戏的二次剪辑创作的视频……有时，你可能会疑惑，这些账号似乎很少会接广告、带货，运营人是怎么赚钱的？难道是为爱发电吗？

其实，这些二创视频一般是通过参加平台任务、分成计划，用作品阅读量、播放量来获取平台收益的，比如抖音、西瓜视频的"创作者伙伴计划"以及 B 站的创作激励机制。

这种通过简单剪辑、二次创作赚平台钱的方式，听起来似乎门槛很低，只要剪辑、发布视频，有播放量就能有收益，但其实要想靠平台"补贴"获得较高的收益，背后除了要付出大量时间、精力，还需要有一定内容创作能力支撑，绝非像一些所谓"自媒体创业导师"说的，每天一两个小时，搬运视频内容就能得到高额收益。

以我朋友为例，她自己运营着三个影视解说账号，每天张开眼就开始写脚本、找素材、剪辑创作，坐在电脑前的时长基本在 10 小时以上。

3. 自媒体＋个人 IP：多元渠道收入

在已经有明确目标客户，或者已经拥有自己产品、服务的情况下，以打造个人 IP 为目标，垂直输出能体现自己专业能力、个人魅力的内容，吸引精准人群关注，再根据他们的需求、痛点，推出、售卖能解决他们某类问题的产品、服务，以此实现商业转化。

这种"自媒体＋个人 IP"的方式，吸引到的通常是精准粉丝和潜

在客户，因为我们的目标不是成为博主，赚品牌方的钱，也不是为了得到大流量去获取平台补贴分成，因此在运营前期，我们无须过于纠结作品数据、涨粉情况。

虽然我们开始做自媒体的目标不是接广告，但因为有清晰的粉丝画像，在运营过程中同样会收到广告和其他合作邀约。以我自己的小红书账号为例，我分享的内容基本是不上班、一人公司、副业获利、不内卷打工等商业、职场话题，虽然我的定位不是成为一个接商单的博主，但我基本上每月都有广告收入进账。

4. 自媒体＋产品、案例：赚精准客户的钱

如果你是实体店店主，或者是有成熟业务模式的设计工作室主理人、插画师等，你想通过自媒体获客，但又觉得打造个人 IP 难度太大，那么你可以先试着用图文形式去分享自己的产品和作品案例，积累一定经验后，再慢慢向个人 IP 账号过渡。记住我们前面分享的"MVP"原则，重要的不是一开始就做得很好，而是先开始。

5. 自媒体＋商品：赚陌生人的钱

- 好累呀！摸下鱼，玩个手机，玩着玩着突然下单了一包零食，买了一个手机壳。
- 躺在床上，准备刷一下短视频就睡觉了，结果刷着刷着被种草了一堆小零食……

上面这样的经历，相信很多人有过。明明是出于休闲娱乐的目的在网上冲浪，结果不知不觉买了一些小零食或家居刚需产品，而且在购买这些产品时，我们很少会关注推荐这个商品的人究竟是谁，反倒

是会把重点放在,我到底买不买这个商品上。

上述两个购物场景,说明随着人们购物渠道、消费场景的变化,很多人已经养成在抖音、小红书等自媒体平台购物的习惯,这也给很多个体创业者提供了自媒体获利的新思路,通过"自媒体+商品"的形式,开启一个人在家就能低成本创业的"个人电商"之路。

因为**电商的核心是卖货,人们关注的重点往往在商品本身上**,因此运营人即便没有强大的影响力,没有大量粉丝拥护,也可以通过良好的选品和运营技巧,把商品卖给有需要的人,以此实现获利。至于具体如何开启个人电商、如何选品,以及运营的注意事项,我们会在下一小节展开。

(六)个人电商:一个人宅家开启的低成本创业

何为个人电商?**个人电商,顾名思义就是以个人为主体在互联网上进行商品交易,**比如前些年的个人淘宝店、京东小店等。现在随着人们购物和信息接收渠道的变化,个人电商的主战场也从淘宝、京东这些购物平台,转移到了抖音、小红书等社交平台,个人电商卖货的方式也从运营店铺变成了短视频带货、图文带货、笔记带货、直播带货等。

1. 如何开启"个人电商"

互联网时代,开启个人电商的方式多种多样,但是由于篇幅关系,此处我们仅以当下较为热门的抖音、小红书两个平台为例,聊一聊一个人如何在社交平台开启个人电商之路。

1)**抖音平台**

目前,开启抖音个人电商的方式有橱窗带货、短视频带货、图文

79

带货、直播带货几种。

当前，抖音开通个人电商的规则是：0 粉开通抖音橱窗带货；有效粉丝≥500，开通视频带货功能；粉丝数量≥1000，开通直播、图文带货功能。

具体开通流程，可以直接在抖音 App 搜索栏搜索【商品橱窗带货指南】，单击进入介绍页面后，单击【入驻抖音电商】，按照操作指引完成操作，即可开通商品橱窗出货权限。开通橱窗带货权限后，运营人可以从个人主页进入【电商带货】的【成长】—【学习中心】学习选品、上架商品等运营知识和优秀同行案例（见图 2-17、图 2-18）。

图 2-17 【功能中心】页面　　图 2-18 【学习中心】页面

在学习的同时，开始尝试拍摄、发布带货视频，当粉丝积累到 500 以上，运营人可以在发布的带货视频上，挂载商品链接，这时如果有人通过运营人的链接购买商品，运营人就能获得相应的佣金。

2）小红书平台

目前，在小红书开启个人电商的方式有开通店铺、买手合作两种，其中开通店铺无粉丝数量限制，0 粉也可以开店入驻；开通买手合作则需要粉丝数量 ≥ 1000，具体开店流程和开通买手合作功能的流程可以参考表 2-1。

表 2-1　开通小红书个人店铺流程

事　项	具　体　流　程
开通小红书店铺	1. 打开小红书，按照以下步骤把账号升级为专业号：我→左上角三条杠→创作中心→创作服务→更多服务→商业能力→开通专业号 2. 升级专业号后，回到创作中心【更多服务】页面，找到【开通店铺】选项，单击【立即开店】，按指引流程完成操作，即可开通店铺
开通买手合作功能	粉丝 ≥ 1000 之后，按以下步骤完成操作：我→左上角三条杠→合作中心→买手合作

开通小红书店铺后，运营人就可以上架商品、设置价格了，商品上架成功后，运营人就可以直接以图文或视频方式发布带货笔记了，并且在带货笔记中可以直接插入"商品卡片"，如果有人通过运营人的"商品卡片"购买商品，运营人也能获得相应的收入。

运营人如果想通过"买手合作"的方式在小红书开启个人电商之路，那么可以在粉丝达到 1000 以上后，通过直播带货和小清单带货两种方式带货（见图 2-19），用户通过运营者直播间链接以及带货笔记中的"小清单"商品卡片下单后，运营者能获得相应佣金收益。

总结来看，两个平台都支持 0 粉开通个人电商带货功能，但抖音要在粉丝数量达到一定要求后，才能在带货视频中添加链接，而小红书只需要开通店铺，就能马上发布带"商品卡片"的笔记内容了。

图 2-19　小红书买手合作的两种形式

2. 个人电商选品技巧

电商选品的好坏，会直接影响商品销售情况。因此，学会选品、掌握一定的选品技巧，是每一个没有专业选品团队支持的个人电商的"必修课"。对于刚刚迈入个人电商行列，或有开启个人电商计划的创业者，可以参考以下几个能提高出单率的个人电商选品技巧。

1）从自我需求出发

选品一定要符合用户需求，只有能满足用户需求，抓住用户痛点的商品，才能给运营者带来高的销售转化率。初期，如果实在不知道选什么，那就从自身情况出发，真诚分享自己发自内心认可的实惠好物，以及自己日常会重复下单购买的商品，从自身需求和实际情况出发去选品，这样在创作内容、讲解卖点时，能更加真情实感、得心应手。

例如，如果运营者的身份是一名在家带娃的母亲，那么她的选品方向可以围绕自己喜欢、需要的实用母婴产品展开，用最真实的使用感受，把这些产品分享给有同样需求的群体。

2）低客单、高颜值的产品

大多数时候，人们刷抖音、小红书就是为了放松，大家在每条视频、每篇笔记上停留的时间很短。

基于此，对刚开始尝试个人电商的运营者，可以先通过零食、饰品配件、平价彩妆、手机壳等低客单价、高颜值，并且能快速吸引用户注意力的商品"试水"，在不断实践、摸索中慢慢掌握"爆品"的规律。

3）借助大数据选品

还有一种更实用的选品方法——借助大数据选品。

抖音【电商带货】后台的"选品广场"上每天会实时更新爆款产品、低价好卖产品、好评产品等多种商品榜单，运营者可以通过查看榜单，选择适合自己账号定位的热卖商品、潜力商品带货。同理，在小红书的【电商中心】后台，运营者同样可以查看到平台近期热点种草商品、潜力种草产品。除了通过官方平台获取商品大数据，运营者还可以使用飞瓜数据、灰豚数据等第三方数据平台，了解各个平台的电商数据。

3. 个人电商避坑"热知识"

相较于传统电商，个人电商的开店、运营流程相对简单，但在运营个人电商时，同样要留意一些注意事项，否则可能会在经营过程中重复"掉坑"。以下是我总结的**个人电商避坑"热知识"：**

（1）不要轻信任何互联网"造富神话"，别人的成功经验我们很难复制。

（2）爆单不是必然事件，抛弃"一夜暴富"的幻想，踏踏实实研究怎么写文案、怎么拍摄，才能受到消费者欢迎，促进消费转化。

（3）平台规则时刻在变化，消费者需求时刻在变化，没有任何一个商品能一直"爆"下去，时刻留心平台规则变化，关注用户需求变化。

（4）个人电商带货看似没太高门槛，但要做好并且要持续运营下去，其实并不容易。

（5）在做中练，在练中学，模仿、拆解爆款往往比上课、上培训班更有效。

（6）如果想学习基础的个人电商运营知识、同行优秀案例，平台方后台有很多免费课程和公开案例供选择。

（7）谨慎选择带货商品。不要因为佣金比例高、利润空间大，放弃对产品服务质量的把控，选品之前先试用产品，了解清楚商家资质和背景，确定商品不是"三无"违规商品。

（8）遵守平台规则、约定，在合理合规的范围内经营，不在平台的规则和底线上疯狂试探，不虚假宣传，不售假卖假，这些都是基本原则。

（七）解决方案提供商：从解决一个小问题开始

很多大企业、品牌喜欢把自己定位为某某问题的解决方案提供商。比如，京东的定位是"卖家整体解决方案提供商"；海尔的定位是"全球领先的整套家电解决方案提供商"。

前文中聊过，设计一人公司产品的第一步是确定一个能帮用户解决的问题。从某种意义上讲，所有创作者、创业者都可以把自己定位为"某某问题的解决方案提供商"，挑选适合的问题，为这个问题设计出合理的解决方案，再将方案卖给有需要的客户，从而达到获利的目的。前文分享过多个从问题中发现创业机会的方法，但还是有不少朋友困惑：到底怎么发现藏有商机的问题？怎么成为"解决方案提供商"？

为了拓宽大家从问题中发现商机的思路，这一小节笔者会以故事案例的形式，再给大家补充两个成为"解决方案提供商"的思路（见图2-20）。

图 2-20　成为"解决方案提供商"的思路补充

1. 从生活不便之处，发现商机

很多个人创业者在构思自己的商业产品时，喜欢从所谓的时代趋势中寻找机会，总想抓住时代红利，顺势推出一款能帮用户解决大问题的颠覆性产品。但其实，**很多厉害的产品是从解决生活中一个细微的不便之处开始的**，例如前面提到的"大众点评网"，创始人张涛原本想解决的是好吃的餐馆难找这个生活不便；再如，这两年随着宠物经济而兴起的新型职业——宠托师，解决的是因为宠物主出差、出游、返乡、休假，家中宠物没人照料，寄养、随身携带不方便的问题。

如今，猫猫、狗狗已经成为很多家庭密不可分的成员，但碰到节假日、出差、探亲等特殊场景，宠物的安置又成为一个令宠物主头疼的问题。

对于大部分宠物主而言，外出把宠物随身携带，既不方便也不现实，送去宠物店寄养又面临寄养限制以及宠物要适应陌生环境等问题。宠物托养师的出现，正好解决了宠物主外出时宠物"安置"不方便的问题，需要外出的宠物主和宠托师约定好上门服务的时间，确定好服务内容和价格后，宠托师上门并全程以视频方式记录喂养情况，让宠物主实时了解到自家"毛孩子"的情况。据新华网报道，2024年春节期间，很多城市上门喂养的服务供不应求，很多"带薪撸猫""带薪遛狗"的宠托师，春节期间每日单量保持在20单左右，单日收入达到千元。

类似的，还有经常在各大医院穿梭的陪诊师——一个为解决老年人生病就医不方便的问题应运而生的职业。2024年通过综合培训考核之后，上海开放大学和上海市养老服务行业协会共同颁发了首批"上海养老服务陪诊师"证书，开启了陪诊师持证上岗的阶段。

做个生活有心人，我们自己、身边人的生活不便之处可能就存在着商机。 当你察觉到自己或身边人生活中存在一些不便利的地方时，不妨想一想，有没有什么方法去解决这些不便利。思考的过程，可能就是你发现商业机会的过程，即便没有实际有用的商业创意的出现，思考的过程也是我们增强自己商业思维的过程。

2. 从矛盾、失衡中找机遇

生活不便利之处，藏着商机。 现实生活中，那些有矛盾存在、供

给失衡的场景中，同样隐藏着财富可能。

  我常居的小城是云南小粒咖啡的核心产区，因为这个地理环境优势，小城很多年轻创业者把"咖啡"定为自己的创业产品，具体的产品呈现，要么是做电商，要么是开咖啡店。但是因为电商涉及产品包装、生产设备、库存积压、直播投流等一系列问题，因此开咖啡店成为很多本地年轻人的创业首选。正因如此，在这个常住人口只有90多万人且外来旅客不算太多的小城，大街小巷的咖啡店星罗棋布，仅我们工作室所在区域方圆一公里范围内，大大小小的咖啡店就有接近20家。

  仅从目前的市场情况来看，小城的咖啡店数量是供大于需的。因此，在小城街头时常能看到一些营业一年半载后，贴出歇业通告、铺面转租消息的门店。产地优势和消费市场饱和之间的矛盾，供需关系一定程度的失衡，假设你是处于这种环境中的创业者，你计划怎么办？真正处于这样的环境中，并且从中破局而出的创业者，又是怎么做的呢？

● **创业者 A：**

  因为了解到本地的 C 端消费市场已经十分内卷，所以做出把产品、业务从 C 端市场拓展到 B 端市场的决定，基于产区优势以及自己经营咖啡店多年的经验，把其中一个门店改造为烘焙工厂店，为全国各地小微咖啡店店主提供咖啡豆定制烘焙服务，同时专门开发了与之配套的咖啡豆选品、产品研发、开店咨询、创业扶持等课程和咨询服务，为一些准备进入咖啡行业的新人提供一站式开店解决方案。

● **创业者 B：**

  在经过开店、做电商试错后，从自身资源和市场实际情况出发，把业务重心放到了咖啡生豆加工和咖啡师培训上，开办咖啡学院，为咖啡爱好者和从业者设置了包括咖啡品鉴、烘焙、冲煮、SCA 精品咖啡协会认证课、CQI Q-Grader 咖啡品质鉴定师认证课在内的多种课程，为咖啡爱好者、从业人员提供学习、认证培训等多元解决方案。

这两个故事中的创业者，都是从市场矛盾、供需不平衡中找到破局的突破口的。==有时候，生活、工作中出现矛盾、失衡可能不是坏事，就像优衣库创始人柳井正说的，"经营的本质是遇到矛盾，然后解决矛盾"==。生活、工作中出现矛盾、失衡时，不要逃避，正视矛盾、解决矛盾，可能会发现新商机。

（八）用户痛点创业：每个抱怨背后都是商机

我们经常说不要抱怨生活，要远离那些喜欢抱怨的人，从守护个人能量和维持好心情的角度来说，这是非常正确的做法。但如果从商业的角度来看，把所有的抱怨都堵在耳外，可能会让我们错过一些潜在的商业机会。

因为，==每个抱怨背后都有一个用户尚未完全满足的需求，或依旧没被解决的用户痛点==。留心消费者、目标客户的抱怨，在客户的抱怨中提升自己的服务水平，加大自己和同行之间的差异；根据用户的抱怨、痛点创业，发现全新的商业机会。

1. 那些因抱怨而生的知名品牌

==阿里巴巴创始人马云说，"机会就在有人抱怨的地方。当有人抱怨时，机遇也同时存在"==。其实，很多知名企业、品牌的创业灵感，都是来源于自己或他人对生活、工作的抱怨。

例如，只在河南省内开店，却以服务闻名全国的胖东来，每家门店的活鱼区都贴心地配有一个帮消费者处理活鱼的敲鱼台，但这个敲鱼台起初并不是"胖东来"门店的标配。敲鱼台的设置，起源于一个顾客的抱怨。

一名在医院上班，对卫生有很高要求的客户，在胖东来买鱼时，因为觉得传统的摔鱼方式可能会让细菌从伤口进入，带来卫生安全风险，因此这位客户对帮她处理鱼的胖东来员工发出了抱怨。这名员工及时把顾客的抱怨汇报给了主管，在经过内部讨论之后，该门店在当天下午就在活鱼区设置了一张桌子作为敲鱼台，同时还为敲鱼台配了一把敲鱼锤。之后，胖东来每家门店的活鱼区都设置了敲鱼台，把鱼敲晕后的处理办法也被写进了操作标准中。

全球最具影响力的社交平台之一Facebook（Meta公司旗下），其前身原本只是一个哈佛大学内部学生用来交流的社交网站。因为当时很多同学抱怨寻找其他同学的联系方式很困难，所以Facebook创始人马克·扎克伯格，就想创建一个能查看同学资料、照片，并且能让同学们互相交流的社交网络。于是，他创建了一个名为The facebook的社交网络，把哈佛宿舍楼的"花名册"搬到该网络上。

美国另一家知名互联网企业——奈飞公司，简称网飞（Netflix），它的创立是因为创始人里德·哈斯廷斯对当时传统租赁模式中的滞纳金制度十分不满。于是，便想到了创立一家没有滞纳金的在线DVD租赁公司。随着用户数量的增多和持续不断的战略调整，Netflix最终从一个在线租赁DVD的服务商，发展成了全球知名的内容制作公司，以及在线流媒体播放平台。除了上述案例，国内像我们熟悉的滴滴打车、美团、饿了么等平台，其实也都是由于大家对传统打车、点餐模式的不满而催生的产物。

2. 如何利用客户的抱怨、痛点

看完上面内容，有人可能会想：这些都是大企业案例，那么普通人如何利用抱怨呢？

对于大多数个体创业者来说，要想在抱怨中发现一个前所未有的创新机会，概率确实不高，但学会倾听抱怨、不满，从抱怨、不满中思考用户痛点，以及思考解决方案的过程，本身已经是一种收获。**倾听客户抱怨，给出解决方案，可能一下子无法给我们带来颠覆性的商业机会，但却能让我们的产品更受客户欢迎，更有竞争力。**

以我自己的经历为例，我在开实体店前，准备推出一款文创雪糕作为门店的引流产品，出于便利性考虑，最初的计划是找工厂代工或直接用厂家预制的冰激凌奶浆罐装。但是，因为我在社交媒体上频繁看到网友吐槽景区文创雪糕，除了贵和好看，一无是处；还有的消费者说，除了图案不同，所有景区的雪糕都是一股流水线添加剂的味道。

从这些消费者的真实吐槽声中，我意识到：在我开店的小城，因为外来游客并不多，所以核心目标客户是本地居民，我要做的是长期生意，而不是一锤子买卖。将文创雪糕作为引流产品，除了颜值，还要考虑产品复购率、好评率。

基于这个考虑，我果断放弃了代工和奶浆罐装的想法，改用不加水、不勾兑、纯牛奶手工制作雪糕，第一批产品出来后，内测受到了各个年龄阶段朋友的一致好评。

想用户之所想，最终这款雪糕成为我门店里食品类目复购率、好评率最高的单品之一。

再给大家举个例子，现在很多小区居民楼里都会有社区美容院、社区养生馆，而且这些美容院、养生馆通常生意都很不错，社区变美、健康服务火热的背后，其实是一些职场人和全职妈妈对传统美容院难预约、距离远、不方便的"抱怨"。

当然，并不是所有的抱怨都可以成为商机，在收集用户抱怨时，注意分辨这是大多数人都存在的抱怨，还是个别人的抱怨，如果只是个别人抱怨，并不能成为真正的商机。

（九）需求洞察：藏在热搜、热评里的财富信号

前文提到我从网友的吐槽、抱怨中发现问题，改进了自己的产品，并因此收获了很好的市场反馈。我们每天都在网上冲浪，除了消遣、吃瓜、看热闹之外，还可以学习从热搜、热评内容中洞察用户需求、捕捉财富信号，为何这样说呢？

热搜、热评代表着用户的需求点、关注点、共鸣点，用户关注点在哪儿，流量和机会就在哪里；什么能引起用户共鸣，什么就能得到用户支持，只要能从热点中捕捉到用户需求和共鸣点，我们就有机会把热点变成"获利点"。

1. 从热点到"热销品"的秘密

如果你是内容创业者，那关注热点内容的重要性自然不言而喻。其他领域的创业者，同样能通过热点内容捕捉商机，提升商业敏锐度，以及自己的商业获利能力。同时，只要我们洞察热点需求的速度足够快，就能直接把热点变成"热销商品"。

例如，人工智能时代讨论度很高的各种 AIGC 产品，当一些网友在评论区中唇枪舌剑争论人工智能到底能不能取代人类时，有人已经抓住热点，开发出了针对不同需求用户群的各种 AIGC 培训课程；一些商业敏锐度很强，但不具备课程开发能力的人，也通过抓热点、打

时间差的方式，靠出售各类 AI 工具使用教程等方式赚了一些小钱；还有人通过给"大佬"做课程推广、分享，一边学习充电，一边充实了自己的钱包。

说到从热点洞察用户需求，把用户需求直接转变为热销品，就不得不提"义乌速度"。

巴黎奥运会开赛，在距离巴黎 9000 多公里的义乌，各种奥运周边产品爆单。我国运动员黄雨婷、盛李豪在 10 米气步枪混合团体项目中，拿下中国代表团巴黎奥运会首金后，义乌当晚就做出了冠军选手黄雨婷参赛时佩戴的同款发夹。国产 3A 游戏《黑神话：悟空》上线后，义乌第一时间生产出了和游戏相关的各种周边；游戏上线不到一周时间，在义乌国际博览中心展出的第 23 届中国框业与装饰画展览会上，就有精美的"悟空"苏绣装饰画参展……

作为普通创业者，我们"追热点"的速度自然是赶不上"义乌速度"，但是保持对热点的商业敏锐度，时刻准备着，我们才有可能在商业机会出现时，第一时间抓住。

小红书上有一个做个人电商的博主，她坚持的选品方法就是**热点选品法**。她会从自己认为有可能成为爆款的影视剧、综艺中，发掘一些简单的文化衫、配饰、IP 周边产品，在影视剧大爆之前提前找到这些产品的货源，并且第一时间上架到自己的个人店铺上，只要影视剧出圈了，就会给她的产品带来很好的销量。

2. 因为一句热评，一年开出 50 家门店

我们前面分享的通过追热点进行内容创作，借助热点乘势推出产品，从热点中发掘潜力爆款，这些都能一定程度上给我们带来收益。除此之外，==关注热点中的更深层用户需求，有可能会给我们带来意料==

第二章　产品定位：找到自己的获利方式

之外的创业机会。

我的朋友董师傅，2023 年从摄影师和自媒体创业者，跨行"摆摊卖米线"，不到一年半时间在全国开了 50 多家门店。让他做出跨行决定的，是重复出现在他直播间、评论区的热评。

大学毕业后，董师傅一直在坚持摄影、自媒体创业，从公众号到短视频，从探店到本地生活团购……董师傅和他的团队经历了好几次自媒体转型、变革潮。2022 年，随着抖音等自媒体平台在本地的生活业务转型，董师傅公司的探店、本地生活团购业务遭遇了强烈冲击。在一番挣扎之后，公司团队内部做出了向电商直播转型的决定。

然而，转型之路并不顺畅，即便他们每天坚持十几个小时的高强度直播，直播间依旧只有零零星星几个观众。不过，也是在那段艰难转型的日子里，董师傅从直播间以及他以往作品的热评中，捕捉到了自媒体之外的另一个创业机会。

那段直播带货的日子，直播间场观人次虽然少得可怜，但是经常会有一些老粉丝蹲守在直播间为其加油打气，还有一些在外地上学、上班的粉丝会在直播间刷屏："好想念老家的特产美食、米线、饵丝。""希望能把更多家乡特产美食带出去。"而在董师傅以往发布的美食视频中，总会高频出现"喜欢云南米线""怀念云南米线"之类的留言。

从这些热烈的互动中，董师傅敏锐捕捉到——以品牌的方式，做一碗充满云南风味的米线，可能是一个不错的创业方向。之后，他和一个在餐饮业摸爬滚打十几年的"餐饮老炮"组建了一个临时创业团队，以极具滇西风味的烧肉米线为产品，开启了一段摆摊卖米线的全新创业之旅。

在经过几个月的摆摊测试，反复打磨、调整产品口味后，2023 年 6 月董师傅和他的合伙人在一个老旧小区门口开了第一家正式门店。产品通过本地市场验证，单店模式跑通后，董师傅邀请我们团队为其品牌形象进行了整体升级,之后这个以烧肉米线为主打单品的米线品牌,开始从滇西片区逐步向周边地区扩店,用一年多时间在全国开出了 50 多家门店。

每个热评背后都藏着用户的需求和关注点,上网冲浪不要只看热闹,要学会从热评中看"门道",或许属于你的商业机会就藏在里面。

第三章

客户渠道：
精准捕获潜在客户

确定一人公司产品模型后，接下来需要解决"个人商业模式"中渠道通路的问题，即确定"客从何处来"。所有的商业活动都绕不开"人、货、场"三个基本要素，上一章产品定位讨论的是一人公司的"货"，这一章将讨论"人"和"场"的问题。

找客户是每个创业者都必须直面的挑战，尤其是对于没有太多商业经验的个人创业者来说，"找客户"可能是比"做产品"更难的一件事。本章我们将重点解决一人公司运营过程中获客、拓客的问题，就如何获取一人公司的第一批客户，怎样借助自媒体平台获客、拓客，如何运营私域、扩大客户渠道，以及怎么促进老客户分享、转介绍等大家关注的问题展开探讨。

一、第一批种子客户的开发

第一个客户是创业者的老师、强心剂，只有获得第一个客户的肯定并从中获利，我们才能确定自己的商业模式是否真的可行，才有继续前行的信心和勇气。

以大家每天都会使用的支付宝为例，目前支付宝在全球用户数量超过 12 亿，但如果没有"头号客户"的信任，支付宝的发展之路或许也不会那么顺利。

2003 年 10 月 18 日，远在日本横滨留学的崔卫平，通过淘宝网新推出的"担保交易"功能（支付宝前身），把自己的一台二手相机，卖给了当时正在西安工业大学读书的焦振中，完成了淘宝网历史上第一笔"担保交易"业务，崔卫平、焦振中也因此成为支付宝发展过程中的"头号客户"，但当时这笔交易的完成经过可谓是一波三折。

《蚂蚁金服：从支付宝到新金融生态圈》一书记录，2003 年，国内电子商务刚刚兴起，淘宝网正式上线，但因为地理距离和交易信任的问题，淘宝网上线初期实际完成的交易订单很少，在实际完成的交易订单中，人们要么通过线下同城交易，要么通过远程汇款完成支付。

为了解决陌生人之间的交易信任问题，淘宝网于 2003 年 10 月 15 日上线了"担保交易"的功能，使用"担保交易"后，买家汇款不会直接被划到卖家账户，而是先存放到淘宝第三方账户中，等到买家确认收货后，淘宝再将款项划给卖家，以保证买卖双方交易安全。

该功能上线的同时，想卖相机的崔卫平和想买相机的焦振中，正因为到底是先发货后付款，还是先付款后发货的问题僵持不下，横亘在两人之间的信任和距离问题，让一笔"你需我有"的交易迟迟无法完成。后来，郁闷的卖家崔卫平无意中看到淘宝网推出的"担保交易"

功能，他觉得这可能是一个促成双方信任的折中办法，于是他将"担保交易"的支付链接发给了买家焦振中。

焦振中再三考虑后选择了通过"担保交易"付款，但付款没多久焦振中又因为害怕付款了卖家不发货，想要退款。最后，是支付宝"元老"团队中的一名财务，以自己一个月的工资作为担保，说服了焦振中不退款，促成了这笔担保交易业务，这才有了以"担保交易"为开端的支付宝。

从这个案例中，我们可以发现：**"头号客户"的获取，第一笔交易的达成，通常是以相互信任为前提的**。普通的一人公司创业者，在没有"担保交易"这样的第三方平台作为信任连接时，如何找到自己的第一批客户，达成第一笔交易？这里我总结了三个帮助一人公司创业者快速获取"头号客户"的心得体会（见图 3-1）。

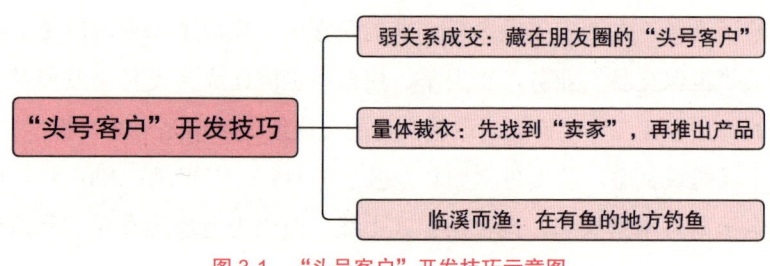

"头号客户"开发技巧
- 弱关系成交：藏在朋友圈的"头号客户"
- 量体裁衣：先找到"卖家"，再推出产品
- 临溪而渔：在有鱼的地方钓鱼

图 3-1　"头号客户"开发技巧示意图

（一）弱关系成交：藏在朋友圈中的"头号客户"

消除横亘在创业者和目标客户之间的不信任问题，是一人公司获客、获利的前提。除了借助淘宝网这样的第三方平台外，我们熟悉的同陌生人建构信任的方式还有运营自媒体、持续输出内容、打造个人 IP 等。不过，持续输出内容、打造个人品牌都需要长时间积累，这对亟须找到客户，测试、验证个人商业模式的创业新人来说并不友好。

所以，对于创业新人来说，寻找"头号买家"最简单的方法是：

舍远求近，从和自己有信任基础的社交关系中层层突破，寻找自己的第一位"买家"，利用弱关系成交。

1. 在朋友圈大方展示

很多刚开始做副业、创业的朋友，会出于各种各样的原因不让身边人知道自己正在做的事情，总想一个人偷偷努力，然后惊艳所有人。

然而，对于大多数既没有亮眼履历、成功案例，也没有强大外部资源支撑的人而言，在创业初期，能给我们无条件信任、支持的往往只有身边的亲朋好友，就算是在创投最火热的硅谷，九成以上的项目第一轮融资，也是从"亲友轮"开始的。

所以，当我们有了自己的获利产品、创业想法后，可以大大方方地在朋友圈展示，持续在朋友圈分享和自己产品、创业相关的内容，让身边的亲友知道我们正在做的事情，他们不一定会直接成为我们的客户，但会成为我们免费的"宣传助手"。

2. 用朋友圈链接更多"弱关系"

很多时候，在朋友圈展示、告知他人你正在做的事情，并不是为了直接通过你个人的社交圈子促进成交，而是为了链接更多能促进成交的"弱关系"。那么，什么是"弱关系"？

人类学家罗宾·邓巴的"150定律"认为，人的大脑新皮层容量有限，每个人能维持的社交关系一般在150个左右，其中强关系者大约30人、弱关系者大约120人。所谓强关系，就是和自己经常联系、互动的社交关系，比如父母亲人、好友、同事等；而弱关系是指不太熟悉、很少互动，但又和我们存在某一联系和共同点的社交关系，比如素未谋面的校友，有过一面之缘的客户、朋友，很少联系的老同学、老同事，同一个社群的伙伴等（见图3-2）。

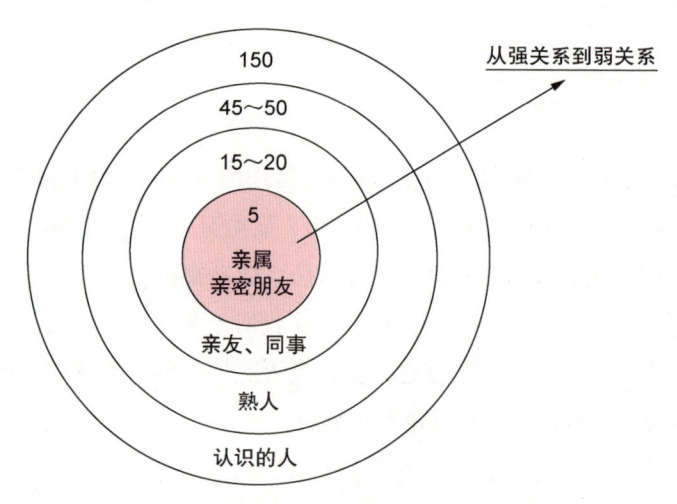

图 3-2 邓巴"150定律"强弱关系示意图

大量社会学研究发现，能给个人工作、事业带来更多助力的社会关系，往往不是强关系，而是弱关系。 以我自己的经历为例，我刚开始以自由职业的身份接单撰稿时，很多商业约稿都是之前的老同事、老客户介绍的，其中最令我印象深刻的是一位素未谋面的校友，在朋友圈看到我辞职的信息之后，一口气给我推荐了好几个供稿渠道。

3. 拓宽"弱关系"社交网

弱关系比强关系更有用，"三分熟"比"全熟"更容易成交。

创业初期，我们可以通过自己的朋友圈和朋友圈好友的朋友圈去拓展自己的社交关系网，不过"熟人圈"的关系网、熟人的力量毕竟是有限的，所以在后续一人公司的经营上，我们还要学会主动链接，拓宽、强化自己的弱关系网络。

1）**主动为别人提供有价值的帮助**

比如，当你在社群或朋友圈看到一些并不相熟的朋友面临困惑、找人求助时，你可以给对方一些关心、鼓励，或一些适当的帮助。人与人之间的交往，往往是基于价值交换的，今日你赠他以玫瑰，明日他会回你以桃李。

2）**适当麻烦别人，让别人给自己帮个小忙**

心理学研究发现，那些曾经帮助过你的人，会更愿意给你第二次帮助。美国政治家富兰克林在还是一名州级议员时，想争取另一名国会议员的支持，但他不愿卑躬屈膝地向对方示好，而是用了向对方借一本珍藏书，还书后表示感谢的方式拉近了彼此之间的距离。后来，在之后一次国会会议中，这位议员主动找富兰克林聊天，两人因为价值观相同，成为持续一生的朋友，这就是著名的"富兰克林效应"。人际交往讲究你来我往，有时候适当麻烦别人，恰好是彼此了解、相互认同的过程。

3）**主动破圈**

付费加入一些有价值的圈子，并在圈子中真诚分享并"晒出"自己，让别人看到你的价值。其实，现在很多朋友都有付费加入社群的习惯，但很多人入群之后就一直在潜水、从不冒泡，白白错失了很多链接"弱关系"的机会。

（二）量体裁衣：先找到"买家"，再推出产品

"我毕生信奉的买卖原则，就是要先找好买家，其他一切自然水到渠成。"

这是人文纪录片《富豪谷底求翻身》中主人公格伦说的一句话。在这个纪录片中，亿万富翁格伦接受了一个疯狂的挑战任务：改名换姓，在一个完全陌生的城市中，用90天的时间把100美元变成一家估

值百万美元的企业，在此期间他既不能暴露自己的富豪身份，也不能动用之前的任何人脉和资源。

这样的挑战设定可能有刻意制造节目效果的成分，但排除这些刻意作为之外，格伦从零创业的思维方式和行动模式，依然有很多值得我们学习思考的地方，尤其是对于缺乏资源、人脉的创业者而言，格伦信奉的"先找好买家"的商业原则，对于获取第一批客户、完成第一笔订单很有参考意义。

纪录片中，格伦在来到陌生城市后，第一时间在网上发布求职信息和搜集当地居民的消费诉求，当他了解到有人高价收购军用等级轮胎后，他在求职之余，每天会沿着工业区的铁道翻找被丢弃的二手轮胎。在翻找大半个城市后，他终于找到了几个可用的二手轮胎，于是他联系有求购需求的买家，赚到了在陌生城市的第一笔可观收入。

像格伦一样**先找到"买家"再去推出产品的商业思路，能帮创业者减少前期投入风险，避免陷入费时、费力、费钱推出产品，结果无人问津的悲惨局面**。怎么先找买家，再推出产品呢？我在此总结了三种行之有效的方法，供大家参考（见图3-3）。

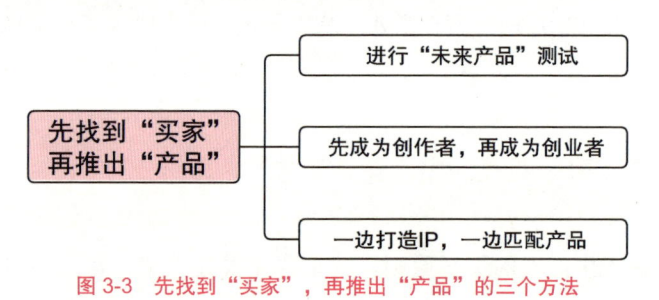

先找到"买家"再推出"产品"
- 进行"未来产品"测试
- 先成为创作者，再成为创业者
- 一边打造IP，一边匹配产品

图3-3 先找到"买家"，再推出"产品"的三个方法

● **方法一：进行"未来产品"测试**

为了避免产品推出之后无人购买，我们可以在推出产品之前，先做用户购买欲望测试。以我自己的文创工作室为例，我们在开发文创

周边产品时，一般会在设计图完成后，做一次小规模的用户购买欲望测试，通过用户购买测试的产品，才会正式进入打样、生产环节。

这种在产品正式推出之前，用产品效果图测试用户购买欲望的方法，我把它称之为"未来产品"测试。当然，除了产品效果图之外，还有很多方法可以去做"未来产品"测试。比方说，我们想推出一个知识付费产品或服务，那么我们可以先假设这个产品、服务已经开发完成。基于这个假设设置一个较低的产品预售价格，并且为其制作一张宣传海报或撰写一段宣传文案，进行产品预售测试。

此外，我们还可以通过直播预售等方式，先销售产品、服务，再去生产和交付产品。需要注意的是，这种先找买家的商业原则，其实也是存在潜在危机的。以女装预售为例，伴随着超长预售期而来的是居高不下的退货率和层出不穷的售后、客户投诉问题，一定程度会对商家的信誉造成影响；而在知识付费产品领域，这种危机同样存在，比如部分同行以私教、训练营的形式，先招募学员再推出课程、完成交付，但最后可能会出于课程不符合用户期待或者效果不好等原因，被用户指责"割韭菜""不负责"。

==为了避免这种潜在危机，我们需要提前对自己的产品、交付能力进行评估，基于自身能产出的效果去宣传、预售，既不过度承诺，也不夸大宣传。==

● **方法二：先成为创作者，再成为创业者**

"未来产品"测试，能在产品推出之前帮我们进行预期市场测试，避免闭门造车，推出产品之后无人买单。但是，对于既没微信好友，又没经营自媒体账号的朋友来说，"未来产品"测试这个方法并不适用。

==当我们既没经验，也没资源时，创作是最低成本的创业路径。==

如果我们想通过写作、画画、设计、编程、网站开发等技能获利，那么在找到正式客户之前，我们需要先去创作积累自己的作品集，同时通过自媒体、朋友圈分享自己的作品、创作心得，吸引潜在客户的关注。

先成为创作者，再成为创业者，这条个人商业获利的道路（见图3-4），对于从事任何领域的朋友来说都是适用的，即便没有一技之长和明确的创业方向，我们也可以先通过自媒体、朋友圈去输出内容。先行动起来，积累一定的粉丝数量和个人影响力后，再根据粉丝的年龄、消费喜好、消费需求等，推出他们感兴趣的产品。

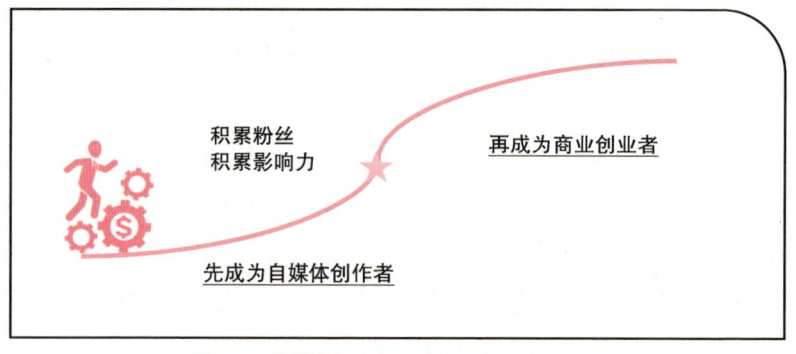

图3-4 先成为创作者，再成为创业者示意图

- **方法三：一边打造IP，一边匹配产品**

先创作再创业，是一条低成本、低风险系数的个人创业之路。

但在实际运用这个思路时，很多人会碰到有流量、有粉丝，就是无法完成商业转化的尴尬局面。为了避免这种局面，在创作内容前可以先确定好目标用户群体、账号定位，规划好商业获利途径。**把个人影响力和信任值前置，以打造个人IP的目标去创作内容、经营账号、一边打造个人IP，一边根据目标用户需求去精准匹配推出产品。** 有关个人IP打造的具体内容，在本书第四章详细展开。

一边打造个人IP，一边匹配产品，能让我们在创作的过程中少走弯路，缩短从内容创作到商业转化之间的路径，以打造个人IP为导向进行内容创作，即便没有庞大粉丝基础，也能实现商业转化。

比如，我的一位学员她给自己的 IP 形象定位是"一个会种草的文案"，围绕这个定位进行内容创作，她吸引的粉丝大多是有种草文案需求的企业、品牌，以及想学习种草文案写作的人群，因为这个精准的人群画像，在粉丝不足 100 时，她就接到了一家电商品牌的合作邀约。

（三）临溪而渔：在有鱼的地方钓鱼

"股神"沃伦·巴菲特的黄金搭档查理·芒格曾说："钓鱼有个秘诀。钓鱼的第一条原则是，在有鱼的地方钓鱼。钓鱼的第二条原则是，记住第一条原则。"临溪而渔，只有在有鱼的地方钓鱼，才能钓到鱼。**客户开发也是一样的道理：只有在有客户的地方寻找客户，才有可能找到客户。**

1. 客户在哪里，就去哪里

商业纪录片《这货哪来的》中有一个令我印象深刻的片段：来自全世界的发丝，在河南许昌这个有"全球假发之都"之称的四线城市，经过假发工厂层层复杂的工序，漂洋过海，戴到了远在千里之外的非洲女孩的头上，成为非洲女孩的时尚单品。

由于气候和生理因素，假发可以说是爱美非洲女性的必备时尚单品，假发之于非洲女性，就像口红之于亚洲女性。据统计，每个黑人女性平均拥有 3～5 顶假发，即便是普通的工薪阶层黑人女性，每月也会花费 4 美元左右在自己的发辫上，经济宽裕的人每月在自己的发辫上花费可达 500 美元。

假发是黑人的必需品，而这些假发大多出自河南许昌。公开数据显示，2023 年河南许昌发制品累计进出口 196.9 亿元，发制品作为许昌的外贸支柱产品，在非洲市场的占有率超过 70%。

上述数据很好地解释了：为何一定要到客户在的地方开发客户。**只有知道客户在哪里，才有可能把自己的品牌、产品信息传达给他们，潜在客户才会变成真实客户。** 如果不走到目标客户所在的地方，那无论我们付出多少努力，最后都会成为"无用功"。

比方说，一个做代驾生意的，每天孜孜不倦地在微信、微博、抖音等平台发送自己的代驾广告，但没在任何一个烧烤店、酒吧贴广告、放名片，那他的代驾生意怎么可能会好呢？

有客户的地方，才会有成交；能触达目标客户的信息，才是有价值的信息。

客户在哪里，我们就去哪里，向外获客的第一步：先找到目标客户活动"场域"，对目标客户进行精准画像（见图3-5），了解目标客户平时经常在哪些地方或哪些平台活跃，他们习惯的信息获取方式是什么，他们会在什么场景下需要你的产品、服务，等等，确定客户在哪里后，我们才能去他们所在的地方做产品宣传，促成交易。

图 3-5　目标客户画像参考示意图

2. 警惕获客误区，流量陷阱

在此过程中，要警惕流量陷阱，避免陷入"哪里人多去哪里，哪里流量大去哪里"的获客误区。**人多的地方，不一定目标客户多；流量大的地方，也不一定适合你的产品。**

前两年，一个做软装设计的朋友说，想运营自媒体帮工作室拓客，我建议他去小红书试试。隔了差不多一年再见面，我问他小红书经营得怎么样。他说，他并没有去经营小红书，因为另外一个朋友告诉他，小红书流量不如抖音，做小红书不如做抖音。

听完那位朋友的话，他翻看了几位同行的小红书账号，赞藏量确实都不是很高，于是他放弃了做小红书的想法，转而开始做抖音。最开始，他很有干劲儿，每一条视频都认真准备素材，花大量时间剪辑。但是，过了一段时间后，他发现就算是那些流量很好的作品，也很难实现转化，零星的一些咨询也不是想找他做设计，而是想"白嫖"创意的。所以，他在进行半年多的自媒体运营后，就放弃了用自媒体拓客的想法。

在这我们不讨论小红书、抖音究竟谁的流量更大的问题，仅从软装设计的行业属性来看，假如你是一个有软件需求的客户，你会选择哪个平台寻找灵感和参考思路呢？

我想很多朋友会倾向于选择小红书，因为小红书"为种草而生"的商业定位，很多人在做消费购买决策前，都会习惯性上小红书搜索关键词，查看别人分享的攻略与心得。同样，有软装需求的朋友，也会通过关键词主动搜索自己需要的"软装攻略"，运营者只需在发布作品时填好关键词，哪怕数据不是很理想，也可能会被精准客户看到。

100个泛流量客户，不如1个精准客户。获客渠道的选择，不是看哪里人多、流量大，而是看我们的目标客户最常出现在哪里。下一节我将就大家关心的如何借助自媒体扩大客户渠道，以及怎么选择适合自己的自媒体平台等问题进行细致探讨。

二、借助自媒体，扩大客户渠道

当下，自媒体已经成为各行各业获客的主要渠道，很多创业者都有借助自媒体获客的意识，但不知该如何选择适合自己的平台，也不确定究竟是主攻某一平台，还是全平台发展。

本章上一节我们提到过，客户开发有一个重要的原则：在有鱼的地方钓鱼。目标客户在哪里，我们就去哪里，而不是哪里人多、哪里流量大就去哪里。因此，在选择自媒体平台时，我们首先要对自己的产品、服务定位，对目标客户画像，对此有一个相对清晰的认知，才能根据自身产品情况和目标画像活动轨迹，去对比、匹配更适合自己长期深耕的平台。在选择自媒体之前，可以借助**"自媒体平台选择前测表"**（见表3-1），对自己的产品、目标客户有一个更清晰地认知，以便按需匹配更适合自己的自媒体平台。

表 3-1 自媒体平台选择前测表

问　　题	我 的 答 案
1. 我能提供的产品/服务是什么？	
2. 我的产品/服务单价大概是多少？	
3. 我的目标客户是谁？	
4. 目标客户经常在哪些平台活动、消费？	

（一）热门自媒体平台对比

在这个人人都是自媒体的时代，我们每天都被各大自媒体平台的信息包裹着。目前国内大大小小的自媒体平台有100多个，日常我们习惯性使用的自媒体平台可能不少于10个。出于篇幅考量，综合用户基数、用户使用频率、商业价值等多因素分析，在本节中，我们仅对抖音、小红书、视频号、公众号、快手、哔哩哔哩这六大热门自媒体平台的用户特点进行分析。

1. 抖音

公开数据显示，截至 2023 年年底，抖音用户数量接近 10 亿，日活用户数量超过 7 亿。

凭借庞大的用户基数以及各种千万级、亿万级的商业获利案例，抖音成为众多品牌和个人创作者争相抢夺的流量主战场，很多个人创业者在选择自媒体主战场时，也会自然而然地把抖音放在第一选项。

用户基数大、流量庞大、算法精准、商业空间上限很高……这些都是抖音的优势。

但随着平台的日趋成熟，商业化程度的不断加深，抖音留给普通创业者、创作者的生存空间也越来越小。**内容越来越卷，流量成本越来越高，投流价格持续增高，竞争压力越来越大等（见图 3-6），都是在抖音上争夺流量必须直面的问题**。要解决这些问题，对没团队、没资金支持的小企业和个人创作者而言，并非易事。

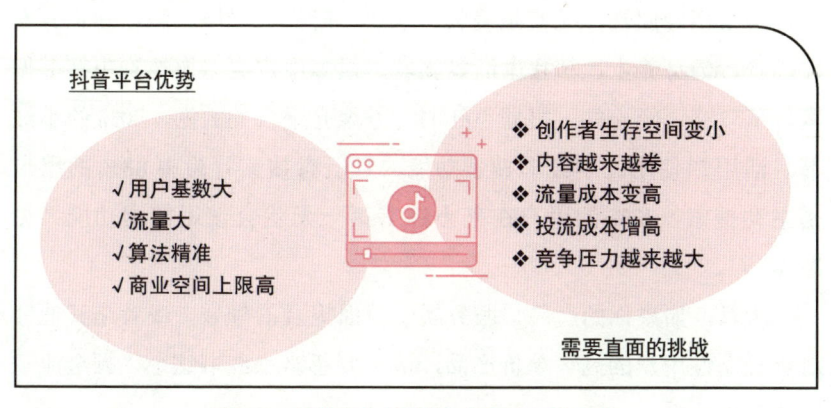

图 3-6　抖音平台的优势和需要直面的挑战

即便是这样，我认为**对以下这几类创业者而言，抖音依然是要主攻的战场：**

第一，产品、服务需即时转化或到店体验，比如农特产品、本地生活服务、同城餐饮等；

第二，核心目标客户群集中在三、四线及以下城市、地区的产品、服务。

2. 小红书

我们前面提到过，小红书是一个"为种草而生"的平台，目前小红书的月活跃用户超过3亿，核心用户多为年轻女性，男女用户比例大约是7:3；从年龄分布来看，接近80%的用户年龄分布在18～34岁；地域分布方面，一线城市和新一线城市的用户占比接近70%，三、四线城市用户迎来增长。虽然用户基数不如抖音，但是小红书因为其强种草属性和高消费力的用户画像，在所有热门平台中的商业价值不容忽视。

小红书是一个生活分享和消费决策深度绑定的平台，具有很强的消费决策指导属性，尤其是美妆、家居、时尚、母婴、职场知识、女性成长、健身养生、精致生活等领域，很多用户会习惯性到小红书搜索种草攻略、经验帖。根据小红书官方聚光平台的数据，70%的小红书月活用户使用过小红书搜索功能，且所有搜索行为中88%的用户是主动搜索，42%的用户在来小红书第一天就会使用搜索功能（见图3-7）。

所以，如果你的产品、服务属于前面提及的领域，或者是其他针对年轻女性用户的高客单价产品，请不要忽略小红书这个"掘金流量高地"。

70% 小红书月活用户搜索占比

88% 主动进行搜索

42% 新用户来到小红书第一天就使用搜索功能

图 3-7　小红书月活用户搜索行为情况
（数据来源：小红书聚光平台）

另外，从内容创作的角度来说，小红书的流量主要来源于关注页、发现页、搜索页，三个入口的流量占比大致为 10%、70%、20%。也就是说，即便你是没有粉丝基础的素人，你发布的内容也可以根据内容标签匹配给潜在的用户；同时，如果你在发布内容时嵌入搜索关键词，那么你的**内容就很容易被精准用户搜索到，具有长尾效应**。整体而言，小红书是一个对新人创作者很友好的平台。

3. 视频号

依托微信庞大的用户基数，视频号在用户数量上具有天然优势，当前视频号日活用户达到 4.5 亿，人均单日使用时长大约在 50 分钟。

从用户画像来看，**视频号当前的用户年龄层次普遍偏高**，36 岁以上的用户占了总用户的六成，核心用户主要为中青年和"银发 e 族"，这两年随着视频号"蝴蝶计划"等一系列激励政策的推出，视频号 30 岁以下的用户数量也在持续增长。内容分布上，视频号的内容类型大多为生活、教育、中老年养生保健、心理等泛生活、泛知识板块的内容，娱乐化程度相对比抖音、快手低。

所以，如果你的核心目标客户恰好是中青年、"银发 e 族"，你的产品、服务又是专门针对这些群体开发的日用品或者泛知识、泛教育类产品，那么视频号的商业空间很值得你去探索。

此外，视频号还有一个抖音、小红书等平台没有的优势，因为同属于微信生态系统，视频号直接跳转私域的链路比其他平台短很多，能一定程度上减少用户损失，**创业者可以借助视频号短视频、直播等方式，把公域流量转化为自己的私域流量。**

4. 公众号

这两年有很多唱衰公众号的声音，甚至有人毫不客气地断言"公众号已死""现在做公众号就是浪费时间"。

不管外部的声音如何，对于有自己的知识付费产品、专业咨询服务或想打造个人 IP 的内容创业者来说，公众号依旧有其他平台替代不了的优势价值。因为，**无论身处任何时代，文字都拥有其他媒介无法替代的振人心魂的力量，**相较于像风一样短平快的短视频内容，文字能给人带来更深层次的思考和更深远的影响。

另外，因为公众号"粉丝订阅+【搜一搜】关键词搜索+【看一看】兴趣分发"的特殊内容分发机制，能看到你内容的用户要么是订阅了你的账号的粉丝，要么是对你发布的内容感兴趣的用户，要么是和你的粉丝有联系的人，在私域导流、销售转化上有明显优势。

站在内容创作者的角度而言，现在入局微信公众号，确实可能已经不太有流量的红利，但它是一个既能让你沉下心来创作，也能让你和潜在客户深度链接的地方。

5. 快手

公开数据显示，2024 年快手平均日活跃用户数接近 4 亿，核心用户主要集中在东北地区、三/四线城市以及农村地区的"下沉市场"，这些用户对快手有很高的忠诚度和黏性，从而形成了**快手区别于其他内容平台的独特的社交文化、"三农"文化和老铁文化**。

此外，随着"快手新知创作人"计划的推出，疾病科普、学业教育、绘画教学、摆摊创业、小本致富等泛知识内容在快手也很受欢迎，如果你的产品正好属于这些领域，可以尝试去快手探索潜在的商业机会。

6. 哔哩哔哩

和小红书一样，哔哩哔哩也是一个年轻用户高度聚集的社区，不过用户年龄整体比小红书偏低一些，目前哔哩哔哩用户的平均年龄大约在 22 岁，其中 18～24 岁这个年龄段的用户数量占总用户数量的 60% 以上，且在所有用户中，男性用户的比例高于女性用户。

年轻用户聚集，用户黏性强，热衷弹幕互动，动漫、科技、游戏、生活等领域的内容在 B 站有很好的流量红利，但从商业获利的角度来看，哔哩哔哩的付费用户比例并不太高。如果你的目标客户是 30 岁以下的年轻人，你可以把哔哩哔哩作为扩大影响力的窗口，但要通过 B 站实现商业转化有一定的难度。

以上为六大热门平台的用户特点扫描、分析，大家可以根据自己的产品定位、目标客户画像去匹配、选择自己的主力运营平台，同时把内容同步分发到其他平台去获取更多机会。

（二）先涨粉还是先转化？

通过自媒体获客、获利，究竟是先涨粉还是先转化？这是困扰很多创业者和自媒体运营人的问题。

也是因为困惑难解，大家只能通过摸索试错。然而，在摸索过程中，由于没有明确的运营目标作为指导，运营者常常会不自觉地陷入自媒体涨粉、获客误区中，从而忘记最初运营自媒体的目的。对此，这一小节将从常见的自媒体涨粉、获客误区，以及如何正确运营自媒体这个获客工具两方面，讨论自媒体获客、获利，究竟是先涨粉还是先转化。

1. 四大自媒体涨粉、获客误区

本书第二章我们介绍过"自媒体获利的几大方式"，获利方式不同，运营目标不同，自媒体运营的思路自然也就不同。但在我接触的辅导和咨询案例中，很多朋友会忽略掉这一点，盲目试错，一头扎进各类自媒体涨粉、获客误区中。以下是我总结的常见的四大自媒体涨粉、获客误区（见图3-8）。

常见自媒体涨粉、获客误区
- 1.盲目追求快速涨粉
- 2.唯流量论，乱追热点
- 3.唯数据论，被数据绑架
- 4.为"获客"不断挑战平台底线

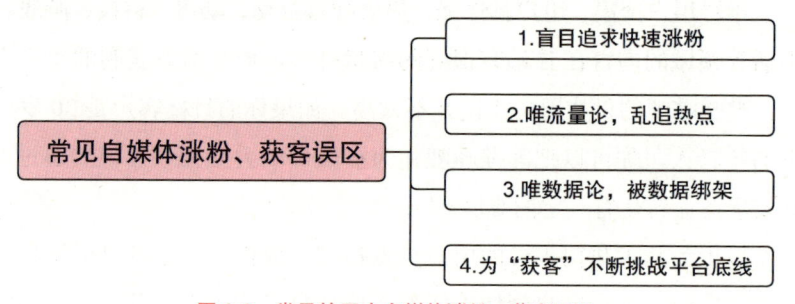

图 3-8　常见的四大自媒体涨粉、获客误区

● **误区 1：盲目追求快速涨粉**

"1000个铁杆粉丝"的理论很多人都听过，这个理论的提出者凯文·凯利认为，如果一个创作者能够拥有1000个铁杆粉丝，就能靠这些粉丝养活自己。目前，抖音、小红书等平台开通商业合作功能的要求也是粉丝数量≥1000。因此，"如何快速突破1000粉"成为很多自

媒体新人的执念。

为了快速涨粉，有人加入了所谓的"互粉、互赞、互助"群，关注列表数量比粉丝数量还多；有人选择用一些低质低量，甚至低俗粗鄙的噱头去引流；也有人大费周章追热点、做剧情，用作品去累积粉丝，但这些粉丝和自己预期的目标粉丝人群并不重合……

未谋而先动，在没确定自己的获利路径、定位方向前，盲目发布内容，追求快速涨粉，不管是快速涨粉一千，还是上万，甚至是几十万，之后的商业转化都不会很顺利。

"1000 个粉铁杆粉丝"理论中的"铁杆粉丝"指的是愿意为我们付费，会购买我们产品、服务的忠实粉丝，而不是躺在粉丝列表中的"僵尸粉"（见图 3-9）。

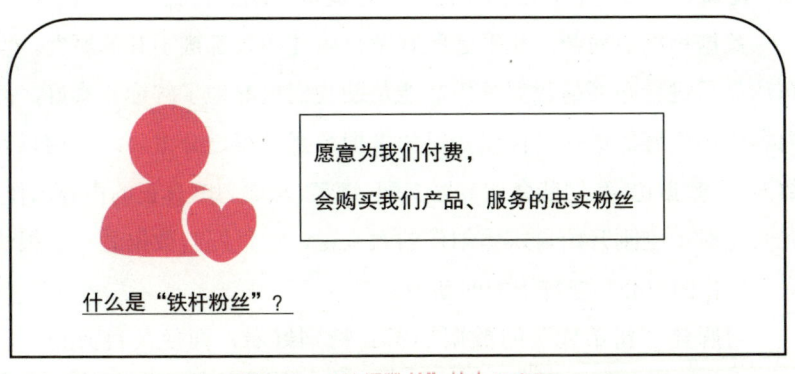

图 3-9 "铁杆粉丝"特点示意图

- **误区 2：唯流量论，乱追热点**

因为热点事件、话题都自带热度和流量，所以"追热点"成了自媒体创作者的必修课，热点追得好确实能帮我们涨粉，提升账号商业价值。但如果"唯流量论"地盲目跟风、乱蹭热点，长期发布一些和自己账号定位没有太多关联的内容，不但会影响"老粉"对我们的价值判断，还会对我们的账号垂直度、差异化造成负面影响。

科学追热点。和自己的账号定位没有关联度或者关联度低，以及自己不知全貌的热点不要"硬蹭"。 这个时代，"一夜爆火"的传奇故事已经越来越少，错过这波热点，并不会对你的个人影响力、商业获利能力造成太多影响，但因为"硬蹭"热点而"翻车"的例子数不胜数。另外，如果要追热点，那么不管是什么热点，都**尽量把热点和自己的专业和账号定位相结合，展示你专业和差异化的一面。**

● **误区 3：唯数据论，被数据绑架**

发布一条内容后，一分钟恨不得看十次手机，一直盯着后台数据，只要看不到数据的增长就会陷入深深的焦虑和自我怀疑中，一次次删除、隐藏、修改内容，心情也随着低迷的数据跌到谷底。

数据焦虑的痛苦，几乎是所有做自媒体的人都逃不开的魔咒，发布作品后进行必要的数据分析，能帮助我们更好地了解读者喜好，对内容作出更好的迭代、优化。但如果把数据看得过分重要，一切只看数据、唯数据论，我们就会被数据支配、绑架，从而忽略真正的内容创作。尤其是对于刚刚开始自媒体创作的人来说，一直盯着数据看，会很快失去创作的信心和坚持下去的动力。

自媒体"新手期"的数据都不会特别好看，即便是百万粉丝、千万粉丝的大博主，他们也不能保证自己发布的内容条条是爆款，在**"新手期"，我们唯一要做的事是关注内容本身**，思考如何把这个脚本写好，如何把这个内容拍好，如何和粉丝增加互动，而不是找谁互赞、找谁互粉，让数据变好看。

● **误区 4：为"获客"不断挑战平台底线**

除了涨粉、流量、数据的误区，还有部分人很喜欢和平台对着干，平台不让发的内容非要发，平台不让做的事情非要做，喜欢在规则边缘疯狂"蹦迪"，不断挑战平台底线，最后落得个被封号、禁言的结果。尤其是那些已经有了自己的产品、服务，不打算做个人IP，也不想靠累积粉丝持续扩大自身影响力，只是把自媒体当作一个引流和"撬客"平台的人，很容易掉入这个误区。

就像个人账号私信、评论直接留联系方式，这几乎是所有平台都明令禁止的事情，但还是有朋友固执地想挑战平台规则，最后引流不成，反倒被平台关了"小黑屋"。一人公司是我们要一生经营的事业，自媒体是辅助我们获客、转化以及扩大影响力的工具，不顾一人公司长远利益，不断打破规则，强盗式地获客、引流，这种方式并不可取。

2. 涨粉是过程，不是目的

看完几个常见自媒体涨粉、转化误区，可能有人更困惑了：盲目涨粉也不行，暴力引流、转化更加不可取，究竟要如何运用自媒体这个获客工具呢？

回答这个问题之前，我先给大家分享两段我本人的亲身经历：

经历1：我运营的一个小红书号，在只有12个粉丝时，就给我带来了6位数的收益；

经历2：我的另一个小红书号，持续更新3个月，账号收益0元，我还为这个账号投入了4位数的设备、道具钱。

为什么都是我自己运营的账号，商业获利的周期差距会这么大呢？

答案其实我在前文已经提到过：**账号定位不同，运营目标不同，获利方式不同，运营思路自然也就不同。**

经历1中的账号是我自己的文创品牌的门店号，消费者需要到店消费，才能给店铺带来收益。所以，这个账号的运营目标是为线下门店引流、获客。基于这个目标，得出内容创作思路——展示门店、产品的吸引力，给消费者一个必须到店的理由。按这个创作思路，我在账号发布了第一条讲述我们创作、创业过程的 vlog 视频，视频发布后第二天，我们门店在布置还未完成、尚未开始正式营业的情况下，营业额就达到了 2000 多元，之后的几天，随着自发打卡拍照的人数增多，门店营业额每天都能保持在 4000 元以上，而那时我们的账号粉丝数只有 12 个，其中还有好几个是我们的朋友和家人。

经历 2 中的账号是我自己真人出镜的个人账号，做这个账号的主要目的是打造个人 IP、扩大影响力，而不是当全职博主靠接商单获利，所以账号运营前期我一直在为账号垂直度、专业度努力，中途有好几次品牌方主动抛出广告投放的橄榄枝，我都拒绝了。

看到这，相信你已经明白了：**"先涨粉还是先转化"其实都不是问题的本质，问题的本质是你要先想好这个账号的商业定位、运营目标和获利方式**，这样你才能根据自己的运营目标/获利方式，有方向、有规划地去运营账号，吸引你想吸引的粉丝。

如果你的目标是当全职博主，靠接商业广告、直播带货获利，那么前期运营的重点放在涨粉上没有错；如果你的目标不是当博主，而是为了给自己的产品、服务引流，那么你的运营重点应该放在发布什么内容能吸引精准粉丝，还能在不突破平台限制的情况下，实现安全引流、转化，而不是放在如何快速涨粉上，**涨粉只是过程，获客、转化才是目的**。

三、自建养鱼塘，扩大基础流量

本章前两节我们提到：客户开发就像钓鱼一样，只有在有鱼的地方才能钓到鱼。为了能钓到更多的"鱼"，我们需要主动到拥有庞大流量池的公域平台上去"拉竿结网"，以便获得更多潜在客户。但是，随着内容创业者的增多，各大自媒体平台的内容竞争加剧，从公域引流、获客的成本和难度不断增加，加上各大平台的流量分配和算法机制一直在不停变化，使得公域获客的效果充满不确定性。

为了确保一人公司能有持续稳定的客源，我们要学会多条腿走路，既要在公域平台保持高曝光度，通过持续内容输出"钓鱼"；又要学会自建"养鱼塘"，把外部流量池中的"鱼"，变成自己"鱼塘"中的"鱼"，把外部流量圈在自己的"鱼塘"中，通过私域运营、反复内容触及，将其沉淀为自己的私域资产。本节我们将围绕私域运营中的朋友圈运营、社群运营、口碑裂变三个内容，详细探讨**如何通过私域运营扩大客户流量池，实现客户群裂变。**

（一）朋友圈运营：打造高吸引力朋友圈

前面说过，我们的"头号客户"往往就藏着自己的朋友圈里。当我们还没有足够的技巧从公域中源源不断地"钓鱼"时，朋友圈就是我们开发客户的原点。当我们熟练掌握了从公域"钓鱼"的技巧后，**朋友圈又会变为能用最低成本、最少时间搭建起的"养鱼池"。**

所以，不管是从一人公司获客、销售转化的角度来说，还是从个人 IP 打造、扩大影响力的层面而言，朋友圈运营都至关重要。那么，如何才能打造出具有高价值感和高吸引力的朋友圈呢？在此，分享一个诀窍和一个实用公式。

一个诀窍：把人当成人，让人成为人。

一个公式：麦肯锡信任公式，信任＝（可信度＋可靠度＋亲密度）/**自利度**（见图 3-10）。

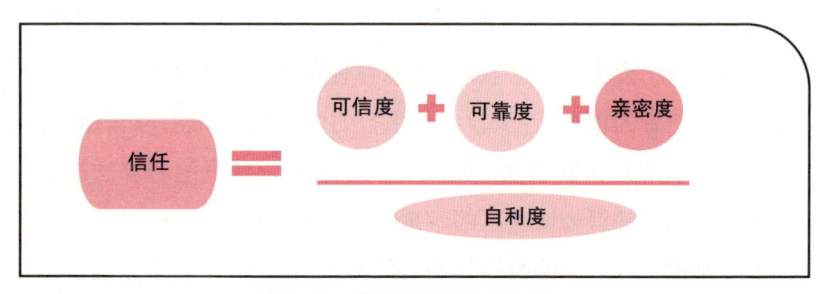

图 3-10　麦肯锡信任公式示意图

1. 把人当成人，让人成为人

为何说打造高吸引力、高价值感的朋友圈的诀窍是把人当成人，让人成为人？答案很简单，**朋友圈就是让人看的，看朋友圈的也是人。**

在正常的社交场景中，大家都能正常进行人与人之间的对话，但一到做朋友圈营销，有些朋友就会自动把自己切换为"人机模式"：一天狂发十几条朋友圈，内容要么是复制粘贴的"鸡汤"，要么是几张糊到看不清的宣传图搭配神奇产品功效，要么是高调炫富的美照或转账记录……有一种人神分离、完全不顾他人死活的"疯感"。

而这种"人机"意味很强的朋友圈营销方法往往只有两个后果：第一，朋友圈内容被折叠、被屏蔽；第二，发朋友圈的人直接被删除、拉黑。

朋友圈的背后是人，它既是一个社交工具，也是一个商业工具。社交工具意味着我们在发朋友圈的时候要说人话、办人事，不打扰、不冒犯看朋友圈的人，给他人造成不好的观感；商业工具则意味着我们在发朋友圈时，其实是带着获客、成交、提升个人影响力这些意图的，我们前面提到过，获客、成交的基础是信任，人际关系的维持也是基于信任，因此高价值感朋友圈的打造重点就是提升自己的信任值。我们可以借助麦肯锡信任公式去提升自己的信任值。

2. 麦肯锡信任公式

按照麦肯锡信任公式，降低分子自利度，提升分母可信度、可靠度、亲密度，就可以达到提升自我信任值的目的，实际运用中可以参考下述方法。

1）提升可信度

可信度通常来自我们的专业、能力、经验，因此，在朋友圈持续分享能体现自己专业、能力的事情，可以起到提升可信度的作用，具体方法如下。

a. 持续输出干货

以利他的方式，以每日干货分享、行业动态分享的形式，分享能体现自己专业性的碎片化知识，在客户心中慢慢树立自己的专业形象。

b. 分享经历、感悟

分享和自己专业、行业相关的经历，或者从最近的工作中收获的感悟和思考。

c. 晒出高光时刻

大方地在朋友圈中晒出一些能证明自身能力、专业的高光时刻，比如受邀参加活动、外出演讲、领奖等，或者拿到了一些行业认可的资质证书。

由于人们一般都是在忙碌之余，用碎片化时间看朋友圈，所以**分享专业、干货时，长篇大论或者内容太"干"、说教意味太重可能都会适得其反，在分享干货时以故事代替说教效果会更好**，具体怎么讲故事参考本书第四章和第五章的内容。

2）**提升可靠度**

专业的人有很多，但可靠的人更可贵，尤其是涉及个人利益时，人们往往更容易相信那些自己觉得可靠的人。"凡事有交代，件件有着落，事事有回音"，这句话很好地描述了一个可靠的人的形象，那么在朋友圈中，我们如何体现自己就是这样一个人呢？

① 客户反馈

自己说得千好万好，不如别人一句真好。通过分享客户对你的好评、肯定、认可，展示作品案例数据效果，呈现产品使用前后对比等，用客户、市场的反馈来证明你的可靠性。注意一定要用自己的真实案例分享，不要转发网图，更不要伪造虚假截图，否则会得不偿失。同时，在分享过程中要注意保护好用户的隐私。

② 坚持的力量

人们往往对那些能长期坚持做一件事的人抱有好感，每天或者每周固定一定频率分享你正在坚持的小事，比如每天坚持早起、跑步，每天坚持在朋友圈分享你所在领域的干货，每天保持 1 小时阅读等。坚持一天、两天别人或许不会有什么感觉，但坚持一个月、三个月……别人会在潜移默化中感受到，你是一个可靠的人。

③ 提升亲密度

a. 互动起来

增加亲密度，可以运用本章提到的帮他人一个小忙以及找他人帮一个小忙的方法。此外，经常给朋友圈和朋友圈好友点赞、评论、互动，和对方互动起来，在对方面前经常刷存在感，也是能有效提升自己和他人亲密度的实用技巧。

b. 鲜活的生活碎片

偶尔发一些看书、旅行、朋友小聚、亲子互动、看电影等展示生活碎片的内容，但注意生活碎片不要只发美照、美图，你可以在生活的细枝末节中，真诚展示自己内心的所思所想，让他人感受到你是一个鲜活的人，而非一个冰冷的广告机器人。

c. 适当暴露自己

你觉得是一个整体不错，但有些小缺点和不足，偶尔也会有情绪的人，让你有亲近感，还是一个永远高高在上、无懈可击的人让你有亲近感？答案显而易见，相比刻意包装的专业完美人设，我们其实更喜欢一个真实、鲜活的人。所以，在朋友圈适当暴露自己的不足或缺点，对提升自我信任度也是有好处的。

④ 降低自利度

如何降低自利度呢？其实就是我们前面提到的：把自己当人，把别人当人。

发朋友圈时多考虑别人的感受，不要打扰、冒犯他人，不要做出一些让别人讨厌的行为。以下是我访问多人后总结的**六大朋友圈不讨喜行为**：

a. 疯狂刷屏，一天发十几条朋友圈；

b. 总爱在朋友圈炫富、炫美，自吹自擂；

c. 总喜欢在朋友圈晒转账记录、聊天记录；

d. 总喜欢在朋友圈怼天怼地、宣泄负面情绪，以及说别人坏话；

e. 无脑转发大量的公众号文章、低俗低质内容；

f. 频繁求赞、求支持、求投票、求帮忙"砍一刀"。

总结起来，打造朋友圈的技巧其实就是一句话：成为一个立体鲜活、可信可靠可亲的人。

至于更新朋友圈的频率，以及更新的内容中提升可信度、可靠度、亲密度的内容各占多少，因为每个人所处的行业不同，真实的人物性格不同，所以这些问题是没有定式的。我自己为客户做实战咨询时，一般给的建议是：

- 每周发圈的频率保持在 4 次以上；

- 每天发圈的数量为 3～7 条；
- 提升可信度、可靠度、亲密度的内容占比，可以是 5∶3∶2，也可以是 6∶3∶1，还可以是 4∶4∶2。

大家可以按以上的方法去测试，找到适合自己的发朋友圈频率和提升可信度、可靠度、亲密度的内容占比。

（二）社群运营：持续让用户看到价值

打造一个能持续获利的社群，这似乎已经成为所有想构建自己私域流量池的创业者的共识。**在这个外部声音嘈杂不堪的时代，运营社群的好处显而易见：**

（1）自己为自己创造的可增值广告位，能持续让用户看到你的价值；

（2）用户黏性强、忠诚度高，成交率比泛流量更高；

（3）通过社群裂变能链接更多精准用户，为自己的商业获利价值持续赋能。

社群对客户转化、商业获利意义重大，那么如何打造自己的高价值社群呢？我自己在接触过上百个商业社群后，总结出一个三字口诀：**有钱花**（见图 3-11）。

有钱花

- √ 有：有用、有价值
- √ 钱：设置门槛，做付费社群
- √ 花：花式输出，深度绑定用户

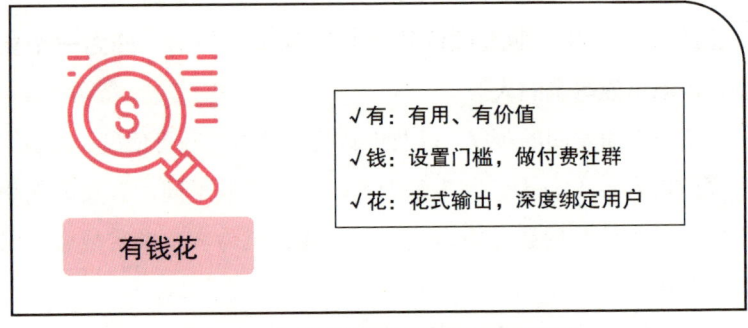

图 3-11 打造高价值社群三字口诀示意图

1. 有：有用、有价值

从某种程度上来说，人都是利己主义者，除了身边最亲近的人之外，没有任何人愿意长时间在一个除了消耗流量、占用手机内存之外，并不能提供任何有用价值的社群中消耗自己。**人们想加入某个社群，一定是因为想从这个社群中获取一些有用信息、实用价值，或者从社群中直接得到问题的解决方案。**

比如，一个不想上班的人，加入了一个自由职业者的社群，肯定是想从社群中获得一些攻略、经验，而不是为了看某个不上班的博主到处旅游打卡的美照；再如，小区里全职妈妈组建的遛娃群，看似每天在说家长里短、吐槽公婆的事，但某种程度上来说，这个社群为她们提供了一个情绪宣泄的出口，给她们创造了情绪价值。

有用、有价值是一个社群的基本要素。在创建社群前，先确定社群的目标人群和核心价值观。明确哪些人可能会成为社群的用户，你不希望什么样的人加入你的社群，以及你的社群能为目标客户提供哪些有用、有价值的信息、服务。

明确社群的目标人群、价值观，能在第一时间帮我们完成用户筛选，确保链接到的用户是能够和我们同频、认同我们的产品和价值观的人，这会省去后续社群运营中的很多麻烦。

2. 钱：设置门槛，做付费社群

人们从来不会珍视免费的东西，如果你的目标是打造一个能为自己创造价值的社群，那么最好设置一个进群门槛，不要做免费社群。

免费社群能给我们短时间内带来流量和人气，但是因为没有筛选机制，进群的人鱼龙混杂，不知不觉会混进一些理直气壮"白嫖"，刷广告引流、引战的人，把社群搅和得乌烟瘴气。这样的社群不仅发挥不了社群营销的作用，还会让部分潜在客户直接"退群"出走。

即便是没有遇到过于糟心的人，要想把免费社群后期转变为付费社群也是很难的，因为开始的免费不仅会让人低估你的付出和价值，还会让用户习惯于理所应当地向你索取，当你准备收费时，他们会十分排斥、抗拒。

所以，在创建社群之初就要为自己的社群定价，设置一个进群门槛，用来筛选客户。如果你担心定价之后前期社群招募太困难，前期你可以设置一个相对偏低的收费门槛，之后随着社群的发展不断提高你的收费，直到达到你预期的心理定价，这样既便于前期用户的招募，又能让已经在社群中的老用户直观感受到社群的价值一直在提升。

另外，我们也可以先创建自己的"知识星球"，再进行社群招募，因为"知识星球"有一个三天内不满意可以申请退款的规定，如果在招募信息上写明"三天内不满意可退款"，可以起到增强用户信任、促进商业转化的作用。

3. 花：花式输出，深度绑定用户

用户付费加入社群后，接下来你要思考的就是如何与用户深度绑定、留住客户的问题了。

做社群运营绝对不是把付费用户简单拉个微信群，然后每天在微信中发一个"每日一答""每日小知识"的内容，再定期在微信中做几次文字、语音分享，偶尔发发红包、福利活跃群聊那么简单的事情。

社群不是微信群，微信群只是传递社群有用信息和价值观的一个窗口。如果把社群运营简单地理解为运营微信群，把社群成员圈定在几个微信群中，那么不管每天群里的氛围有多热闹，你都不可避免地

会在运营过程中流失掉很多原本可能会持续付费的客户。为什么这样说呢？因为大家的时间、精力都很宝贵，加上每个人获取信息的习惯不一样，对于一些极度社恐、不爱凑热闹、工作很忙的用户来说，每天打开微信，看到群里成千上万条的消息，对他们而言是一种莫大的压力。

基于此，社群运营一定要多阵地、多触点持续花式输出，确保用户能随时随地快捷获取社群中的有用信息。具体可以参考以下做法：

（1）有价值的干货内容，以图文的形式在"知识星球"或"鹅圈子"发布，社群成员的高频问题也统一在这里回复，方便社群成员按照自己的时间查阅有用信息；

（2）建立一个日常交流的微信群，日常在这里分享有价值的信息，不定期回答大家的问题；

（3）根据你的社群定价和运营目标，每两周或每个月进行一次直播、语音干货分享，分享应单独创建直播链接或微信群聊，避免信息被覆盖，并同步到"知识星球"或"鹅圈子"。

（三）口碑裂变：让老客户主动推荐、分享

大家在购物时，可能都有这样的感受，商品好评率越高，口碑越好，越能让人产生购买欲望；而那些用户反馈不好，口碑较差的商品，即便开始时有购买欲望，也会在看到真实反馈后，产生不想再买的心理。

老用户对一个商品的评价、反馈，会直接影响新用户对这个商品的价值判断和消费决策，这就是口碑的力量。这种口碑力量在互不相识的消费者之间存在，在熟人中更加明显。因此，提升客户满意度，让老客户愿意主动向他人推荐、分享我们的产品、服务，实现口碑裂变，是一人公司获客、获利的重要方式之一。

1. 口碑的力量

生活中能体现口碑力量的例子比比皆是，例如一家餐饮店，如果老板说"闭眼点，我们家样样都好吃"，你内心一定是不相信的；但如果好朋友说"他们家真的每道菜都好吃，完全不踩雷"，你会在心里认定这是一家值得一吃的餐馆，即便你还没吃到他家的菜。

因为相信朋友，所以自然而然把对朋友的信任，传递到其推荐的产品、品牌上。事实证明，**人们更愿意相信并购买自己信任的人推荐的产品、服务**，这一点我深有体会。我们公司不少品牌咨询、全案设计的项目都来自老客户推荐或转介绍，而且有时候在老客户推荐之前，客户可能就已经通过别的渠道和我们联系、沟通过，只是没有达成合作协议。

比如，我们今年接的一个品牌形象升级项目，早在一年半以前，品牌方就通过其他渠道联系过我们两次，两次沟通都很不错，但最终因为对方觉得服务费过高而没有达成协议。时隔一年半，就在我们都快忘记这件事时，有一天突然收到品牌方负责人发来的信息，她在信息里直接问："明天方便签约吗？"

刚开始收到这个信息，我们还以为是客户发错了，后来沟通才知道，她在和朋友聚会时，偶然听到有朋友评价我们专业、负责、不模板化。后来，和朋友打听之后，知道了很多我们服务的案例，她这个朋友恰好也是我们服务的客户，她这才决定回来找我们签约。

全球著名的市场调研机构尼尔森的调研资料显示，83% 的消费者会相信来自朋友、家人的口碑推荐，比起其他形式的广告，92% 的人更愿意相信口碑推荐。

对于没有规模效应和强大社会影响力的一人公司而言，要让完全陌生的客户对我们产生好感、信任，是有难度、有周期的，但如果是

通过老客户口碑推荐、转介绍，客户更容易对我们的产品、服务产生信任，成交的概率比开发完全陌生的客户高。

维持好和老客户的关系，提升客户对我们产品、服务的满意度，让老客户愿意主动为我们推荐、转介绍，是一人公司客户渠道开发的一个重点。

2. 如何提升客户分享率

要想提升客户的分享率，让更多老客户愿意主动为我们推荐、转介绍，我们可以先想一想：在哪些情况下，我会主动和亲朋好友推荐某个人、某一产品或品牌。

例如，回忆一下：在什么情况下，我们会主动去和朋友推荐一家餐厅？

以我自己为例，我给朋友主动推荐一家餐厅，要么是觉得这家餐厅的菜非常好吃；要么是觉得餐厅的用餐环境很舒服，很适合聚会、拍照；要么是在这里吃到了一些以前没吃过的创意菜品，或者体会到了一些特别的用餐体验……

总结而言，我会主动向朋友推荐菜品很惊艳，用餐体验很舒服或有惊喜的餐厅。大家的答案也许跟我的有所不同，但肯定不会把菜难吃、用餐体验糟糕的餐厅推荐给朋友。

同理，**如果我们想让老客户为我们主动推荐产品、服务，那我们给客户提供的产品、服务一定要能达到或超出他们的要求和预期。**专注在自己的产品、服务上，认真对待每一个客户，提供令客户惊艳的产品、解决方案，是累积客户口碑的第一步。

不过，即便客户对我们的产品、服务很满意，也不意味着他们一定会为我们主动推荐。得克萨斯理工大学曾做过调查，在一次积极的消费体验后，83% 的消费者愿意进行转介绍，但只有 29% 的消费者真正这么做了。要想通过老客户转介绍、裂变、拉新，只有优质的产品、服务远远是不够的，我们需要给客户一些激励，刺激用户为我们主动分享传播，常见的激励方法有以下几种（见图 3-12）。

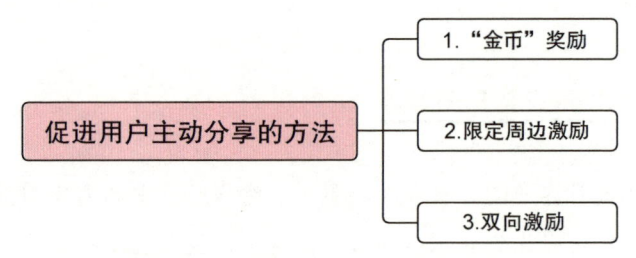

```
                              ┌─ 1."金币"奖励
促进用户主动分享的方法 ─┼─ 2.限定周边激励
                              └─ 3.双向激励
```

图 3-12　刺激用户分享行为的常见奖励方式

1）"金币"奖励

这种方法虽然简单粗暴，但是实用性强，适用场景多。

比如，我们在第二章提到的，很多知识付费产品的裂变、拉新，都是通过设置分享金、刺激老用户分享实现的。以我自己为例，客户、朋友转介绍来的客户，我都会在合作达成之后，给对方包一个红包作为感谢。如果他们拒收红包，我也会给他们购买其他礼物表示感谢。

2）限定周边激励

"金币"激励虽然适用范围广，不过对于有些产品和消费场景可能起不到太大作用，例如，茶饮、咖啡、护肤品等日常消费产品，给客户周边限定产品、小样赠品作为激励，比直接给优惠券更能刺激他们的分享欲。

除了刺激分享，这些限定周边、赠品还能带动产品的复购率。举个例子，一些茶饮品牌的杯子、帆布包等周边产品是只能通过积分兑换的。为了早日获得心仪的周边，消费者复购的频率会变高，还会呼朋唤友下单，为自己积攒积分。当他们兑换到心仪的周边产品之后，还会主动在社交平台上打卡分享自己的周边,为品牌、产品带来多次传播。

3)双向激励

前面两种激励方式,都是通过给推荐者提供切实利益的方式,刺激用户分享、传播的。但有时候,这种只有"推荐人"从中获利的方式,可能会成为阻碍用户分享的因素。例如,我真诚推荐朋友购买一件我觉得好用的商品,朋友没有从中享受到优惠,而我却从中获得了报酬,这时我会担心,朋友觉得我只是想赚他的钱。

所以,我们**在设置分享激励时,可以多想一想是否能让推荐人和购买人同时得到奖励**。比如,如果老客户给我们推荐业务,那么我们在给老客户激励的同时,可以给新客户一个折扣优惠,或者增加一些附加服务。

一个老客户的口碑传播,比花钱砸广告引流来的十个待开发的潜在用户更有价值。**维护好和每个客户的关系,让客户变成粉丝,让粉丝变成合作伙伴,是一人公司经营者要为之努力的方向。**

第四章

个人品牌：
打造个人IP，启动财富加速器

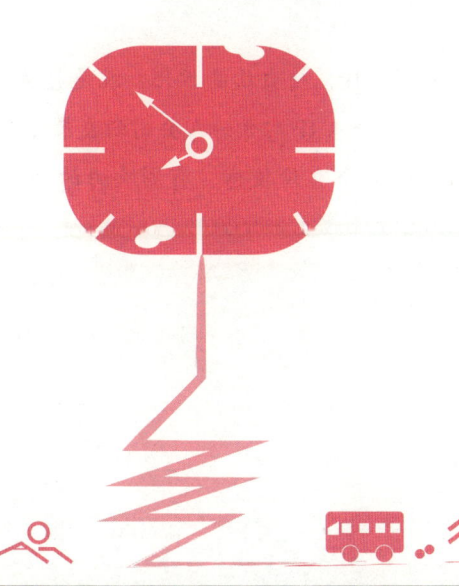

一人公司的发展是一个先把自己产品化，再品牌化的过程。

前面的章节已经详细介绍了如何把自己的专业技能、兴趣爱好、知识经验等产品化，找到属于自己的获利模式。把自己产品化可以帮我们构建出一人公司的基础商业模式，解锁"上班之外"的多元获利途径。

不过，在前面的内容中我也反复提到，产品的本质是满足用户需求，解决用户痛点。用户需求、痛点是不断变化的，没有任何一个产品可以做到永远不被用户所抛弃。要想和用户长久绑定，保持一人公司的长线增长，把自己产品化后，需要进一步把自己品牌化。

通过打造个人IP，把自己品牌化，有利于和用户长期绑定，把自己的所有行动都转变为可以累积和跨越周期的影响力资产、信誉资产。就像"小米创始人雷军"这个已经品牌化的个人IP，不论是卖手机还是卖车，都不会破坏其影响力积累。同时，打造个人IP，可以持续提升我们的商业价值和影响力，让我们拥有更突出的市场竞争力和更大的"溢价权"。

总而言之，打造个人IP，把自己品牌化，就是打造一人公司的财富加速器和保险箱。打造个人IP对于一人公司的发展至关重要，所以，本章我们将就如何打造一个有价值感、有影响力的个人IP展开详细讨论。

一、超级个体时代，人人都要有个人品牌

关于个人品牌，有人觉得打造个人品牌就是把自己包装成"网红""自媒体大V"；有人认为开一个自媒体账号，写写文章、发发视频、蹭蹭热点，积累一些粉丝，就算在做个人品牌了；有人认为"个人品牌"就是一个被鼓吹的概念，普通人根本没有打造个人品牌的必要；也有人认为自己就是没什么特长的普通人，打造个人品牌是件可望而不可即的事……大家对个人品牌的理解五花八门，那么，究竟什么是个人品牌？我们真的需要个人品牌吗？

（一）什么是个人品牌

如果上网搜索有关"个人品牌"的概念，我们会发现这似乎是一个没有标准答案的问题。每个人都有自己对个人品牌的解释。所以，在这里我也不想一上来就用一个死板的概念去解释究竟什么是个人品牌。我们可以通过回忆一些大众公认的个人IP形象，去真切感受究竟什么是个人品牌。

IP形象1：当提到李白、杜甫，你会想到什么？

IP形象2：提到孙悟空，你会想到什么？

IP形象3：提到小米创始人雷军，你会想到什么？

此刻，应该每个人心中都有了自己的答案。

提到李白、杜甫，我们会马上联想到唐朝诗人、大李杜、诗仙、诗圣，等等；

提到孙悟空，我们会想起金箍棒、美猴王、齐天大圣、大闹天宫、疾恶如仇，等等；

提到雷军，我们会想到小米、创业、企业家、干净利落、爱笑，等等。

发现了吗？当我们想到这些 IP 时，想到的是对他们的整体认知，这个整体认知是由他们的外在形象、内在品质、职业技能、典型事例、精神风貌等共同构成的。

另外，还有一个很有意思的现象，不知道大家发现了没？当我们想到某个人、某个品牌时，我们总是倾向于用一些独特的关键词或概括性标签词去描述对他们的整体印象。

所以，关于"什么是个人品牌"，我们可以这样理解：**个人品牌，是个人通过展示外在形象、内在品质、专业技能、知识经验、文化内涵、价值观等，给他人留下的整体印象**（见图 4-1）。同时，他人也会通过"贴标签"的方式对我们的个人品牌形象进行评价、认知。

图 4-1 什么是个人品牌

也就是说，**不管我们有没有打造个人品牌的计划，我们的个人品牌形象，其实早在他人心中了**。不同的是，主动管理和被"贴标签"所塑造的个人品牌形象是截然不同的。如果是被"贴标签"，别人很可能会以偏概全，甚至给我们贴上一些负面、污名化的标签。但是，如果我们自己有意识、有目标地去管理他人对我们的认知、评价，那么我们的个人品牌就会朝着自己想要、自己向往的方向发展，我们就有机会被更多人看到并理解。

第四章
个人品牌：打造个人IP，启动财富加速器

这样看来，人人都要学会主动打造自己的个人品牌，才不会被别人误解、不会被乱贴标签。

当然，对于一人公司创业者来说，打造个人品牌的理由肯定不只是为了管理他人对我们的认知。对创业者来说，个人品牌的成功与否，会直接影响我们的商业盈利情况。

（二）一人公司财富加速器

本章引言中提到，打造个人品牌就是打造一人公司财富加速器。

为什么这样说？以我们日常购买东西的决策过程举个例子（见表4-1），大家就明白了。

表4-1　购买具有"蓬松"功效的洗发水的不同场景示例表

场景1	我想买一瓶具有"蓬松"效果的洗发水，于是直接到超市货架或电商平台，购买了之前使用过的，觉得体验感不错的牌子
场景2	听朋友说某某牌子的洗发水蓬松效果很好，于是决定买来试试
场景3	经常在社交平台看到很多人分享某某牌子，刚好洗发水快用完了，又翻看了消费者的使用反馈、购买评价后，决定下单尝试一下
场景4	本来没有买"蓬松洗发水"的打算，但在线下店或某某直播间听到导购、主播强推一款能轻松拥有高颅顶的"蓬松洗发水"，感觉很心动，于是决定买回来试试

从这个例子中不难发现，尽管我们购买某个东西的具体缘由不同，但不管出于何种缘由，每一次购买行动的完成，都需要满足以下条件（见图4-2）：

（1）消费者本身有需求或需求被外部刺激激发。上述例子中想买一瓶具有"蓬松"效果的洗发水，属于消费者本身对产品有需求；因为导购、主播的销售话术而对产品心动，属于需求被外部刺激所激发；

137

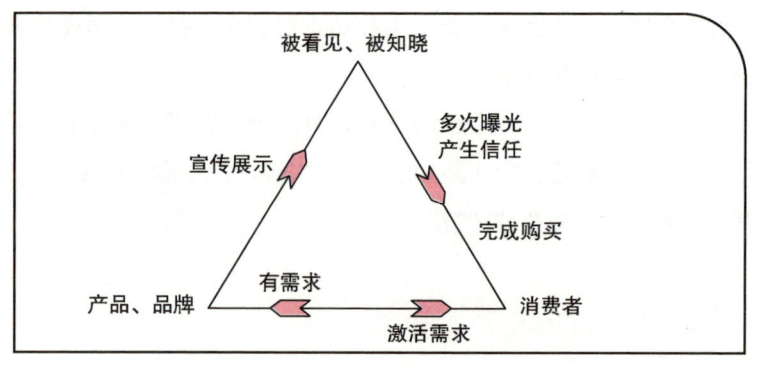

```
                 被看见、被知晓
                      △
                     △ △
                    △   △
                   △     △  多次曝光
            宣传展示 △     △  产生信任
                 △       △
                △         △  完成购买
               △           △
              △    有需求    △
   产品、品牌  △─────────────△  消费者
                  激活需求
```

图 4-2　一次购买行为达成的简明示意图

（2）有一个已经被消费者认知或能被识别的产品、品牌，而消费者通常会通过广告宣传、终端货架、短视频信息植入、朋友介绍等方式，认知、识别一个产品、品牌；

（3）在多次曝光、广告宣传的作用下，消费者和产品、品牌之间建立了某种信任关系。

简而言之，**消费者有需求，产品、品牌能被看见，双方建立了信任关系，才能完成购买、产生交易**（见图 4-3）。

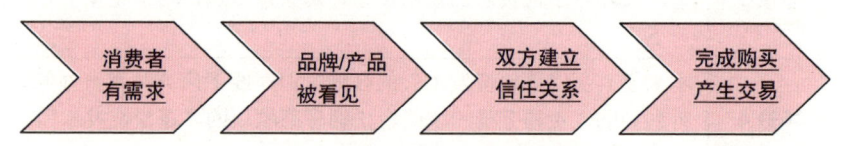

```
┌─消费者─┐─品牌/产品─┐─双方建立─┐─完成购买─┐
│ 有需求 │>│ 被看见  │>│ 信任关系 │>│ 产生交易 │>
└───────┘ └────────┘ └────────┘ └────────┘
```

图 4-3　交易行为达成简明路径图

同理，当我们把自己的角色从消费者转变为一人公司创业者后，如果想卖出更多的产品、服务，那么，我们就得先找到一个能持续宣传展示自己的平台，以便自己的产品、服务能随时被更多的人看到、知晓。同时，我们需要不断向客户展示自己的优势、卖点、核心竞争力，以此来激活客户需求，强化客户购买动机，并在潜移默化中让他们对我们产生信任，才能最终促成购买。

从前，要完成这样一个"商业获利环路"，我们需要投入大量的时间、人力、金钱成本，但现在只需要借助打造个人品牌，一切就能实现了。所以说，打造个人IP，就是打造一人公司的财富加速器。**个人IP之于一人公司发展的意义具体如下：**

第一，打造个人品牌，能让我们在不投入大量时间、人力成本的情况下，通过直播、录播课等方式，在同一时间把产品、服务卖给更多有需要的人，**单位时间创造更多收益**；

第二，打造个人品牌，能**帮我们打破时空、人力限制**，我们只需要通过自媒体平台表达观点、发布作品、持续曝光，就能全方位展示自己，让天南地北的海量用户看到并知晓我们的产品、服务；

第三，打造个人品牌，**是一种低成本、高效用的宣传方式**，我们无须花费巨额广告费用找明星或网红推广，只要做好精准定位、持续输出优质内容，我们的目标客户和潜在客户，就会通过大数据算法看到我们；

第四，打造个人品牌，**能很好地帮我们解决信任问题**，我们可以组合多种策略，全方位展示自己，让用户多角度感受到我们的专业能力和人格魅力，继而促成交易。

总的来说，**打造个人品牌能帮我们无限放大个人影响力，提升我们的能见度、知名度；同时，打造个人品牌能帮我们提升个人"信誉值"**，为我们创造更多财富与机会。

二、三步定位法：找到自己的高价值定位

正所谓，方向不对，努力白费。定位在个人品牌打造中的重要性不言而喻，南辕北辙的道理谁都懂，可问题的关键是：**如何才能找准方向，锁定自己的定位，以及如何判断找到的定位是否有价值**。基于这些关键问题，本节我将从什么是高价值定位和确定高价值定位的步骤两个方面，展开具体叙述。

（一）什么是高价值定位

什么是高价值定位？

回答这个问题之前，我想先和大家分享一个有关定位的咨询故事。

2023 年，我们团队接到了一个云南知名餐饮品牌欲布局全国市场品牌形象升级的全案咨询。这个餐饮品牌专注做牛肉 40 年，是云南铜锅牛肉的代表，在全国牛肉火锅市场也算小有名气，经常在各大综艺节目、影视剧中"露脸"。此次咨询服务，整个过程一直很顺利，但在确定品牌升级后的定位语时，品牌方负责人一度坚持要把我们提出的"云南牛肉火锅领军品牌"这一定位语更换为"云南火锅领军品牌"。

我们理解品牌方有拔高品牌站位和未来扩大经营品类的需求，但从实际的消费市场来看，云南的多民族文化造就了多样的饮食习惯，仅从"火锅"这个品类来说，羊汤锅、牛汤锅、菌汤火锅、石锅鱼、腊排骨，等等，都是云南火锅的细分品类。你要是在路上随机提问一个云南人："你觉得哪家云南火锅最好吃？"他大概率会愣在原地，不知从何说起。但如果你更具体地问他"哪家铜锅牛肉好吃？""哪家腊排骨好吃？"他会很快根据自己的喜好和消费体验给出答案。

这个"定位语之争"的后续，在经过线上线下多次用户调研后，品牌方最终认可了我们的方案。分享这个故事，是想告诉大家：无论是消费品牌定位，还是个人品牌定位，==定位的好坏并不在于站位有多高，口号喊得有多响亮，而是我们能否通过定位，让用户在激烈的市场竞争中，快速对我们的品牌产生记忆点、信任度，并最终实现转化交易==，在相同的努力和付出下，为我们创造更多价值。

从品牌营销的角度来说，==一个高价值的品牌定位通常具有以下两个特征==。

（1）和某个细分领域强绑定，能快速占据用户心中该领域的头部地位。

比如提到"凉茶""去火"这些关键词，我们会第一时间想到王老吉，因为王老吉一直将自己定位为"凉茶领导者"，它的那句"怕上火，喝王老吉"的广告语，已经家喻户晓。

（2）直接展示差异化竞争优势，为用户创造独特记忆点。

"为发烧而生"的小米手机，当年就是靠高性价比、科技创新的差异化定位，在竞争激烈的手机市场中杀出一条路的。这些高价值特征要素，在个人品牌定位上同样适用。

例如，逻辑思维、秋叶大叔 PPT、樊登读书会等知识 IP，在定位上都把个人品牌和某个细分领域进行了强绑定，通过放大差异化优势，快速在用户心中找到自己的优势位置。

==（二）三步找到高价值定位==

通过对以上知名品牌和大 IP 的定位分析，我们对高价值定位应该具备的特征有了更深的了解。接下来，我们来具体看看，如何快速找到属于自己的个人品牌定位，并且确保这个定位是具有高价值特征的。

为此，我总结了**个人品牌定位的七字口诀：内外扫描找空白**（见图 4-4）。

```
                    ┌── 1.内观自己：找到自己的热爱和擅长之事
                    │
    内外扫描找空白 ──┼── 2.向外扫描：发现真正的用户需求
                    │
                    └── 3.寻找空位：先成为小小"专家"
```

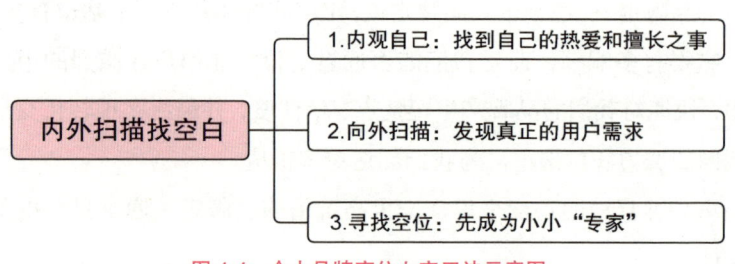

图 4-4　个人品牌定位七字口诀示意图

1. 内观自己：找到自己的热爱和擅长之事

打造个人品牌是一件需要长期坚持的事，都说"唯有热爱可抵岁月漫长"，这不是一句矫情的文艺鸡汤，而是经过无数事实验证的个人 IP 打造通关秘籍。为何这样说呢？

我们一起来还原一个场景：我们的微信好友小 A 雄心壮志地喊着要做个人 IP，刚开始时每天干劲十足地拍视频、做内容、发朋友圈，结果没坚持多久就偃旗息鼓了。

轰轰烈烈开场，悄无声息收场。这样的事情大家都不陌生。为什么会造成这种局面呢？

其实，只要稍微回顾一下我们自己半途而废的经历，就会发现**人选择主动放弃一件事，无外乎这些原因：**

- 本身不擅长这件事，做起来很吃力；
- 对这件事丧失兴趣，缺乏继续坚持的动力；
- 做成这件事的成本过高、难度太大、障碍太多；
- 看不到这件事的结果，无法及时从中获得正反馈，收获满足感和成就感。

为了避免打造个人品牌这件事半途而废，我们在确定定位阶段，就应该尽量规避这些影响成事的风险因素。优先从自己的兴趣点、能力专长中选择定位方向，而不是盲目跟风，一头扎入自己既不喜欢也不擅长的所谓热门赛道、风口行业，在付出大量时间、精力，甚至金钱投入后，又因为难以坚持而选择放弃。

现在，大家可以试着在纸上列出自己热爱、擅长之事，如果实在找不到热爱和擅长之事，那么可以在阅读完下一节"优势发掘"的内容后再回到这个步骤。

2. 向外扫描：发现真正的用户需求

商业的本质是利他，有真实需求才能产生交付价值。在做个人品牌定位时，我们不能"自嗨"，也不能闭门造车，向内找到自己的热爱和擅长之事后，我们可以根据自身优势，列出几个想尝试的定位方向。

接下来，我们把视角转向外部，**从目标人群数量、需求程度、市场趋势、行业前景几个方面，逐一分析验证自己的预设是否真的能实现高价值商业转化。**

在这一步，我们的分析不能只停留在看行业报告和查找网络数据上，我们可以用问卷调查、用户访谈、实地观察的方式，尽可能深入了解目标用户的真实需求。因为整体行业趋势和市场需求，并不能完全代表目标用户的真实需求情况。

比如，宠物殡葬这个小众领域，从大的行业数据来看，它满足了宠物主想和"毛孩子"体面告别的情感需求，行业走势良好、缺口巨大。但如果我们锁定的目标市场是一个四面环山的小城镇，那么付费为宠物举行告别仪式的需求量就会很少，宠物殡葬的高价值前景在这里自然也就不成立了。

3. 寻找空位：先成为小小"专家"

俗话说，"宁做鸡头，不做凤尾"。我们前文提到，高价值定位往往会和某一细分领域绑定，应抢占该领域的头部地位。但是，对于刚刚开始打造个人 IP 的新人来说，要成为细分领域头部并非易事，这该怎么办呢？

最简单的方法是：**不断细分再细分，寻找更多还没被抢占的空位，成为某个小领域的意见领袖，或成为帮助目标用户解决某一特定问题的专家。**

以母婴博主为例，如果是宽泛地去分享育儿心得、育儿经验，出圈的可能性微乎其微。这时，我们可以借助思维导图，按年龄、性别、地域、需求等类别，不断对这个赛道进行细分，直到找到可以切入的空位。

如果实在找不到能切入的空位，可以先锁定某个特定细分人群，选择一个他们面临的高频问题去持续输出干货，成为解决这个问题的小小"专家"，不断扩大差异化优势，从小小"专家"变成小"专家"，最后成为该领域的头部。我之前合作过的一个母婴博主，就是通过分享"6～12个月婴儿游戏"系列干货快速起号的。

打造个人品牌是一项动态的长期工程，只有做好内外部优势分析、需求洞察、长期目标规划，才能避免半途而废，避免"瞎忙活"。

三、优势发掘：找到自己隐藏的赚钱天赋

==人人都有自己独一无二的天赋和赚钱潜能点，只是我们的潜能可能尚未被发掘。==

所以，我们不必为自己二三十岁还碌碌无为而焦虑，也不必介怀至今还没有任何引以为傲的成绩。没特长、没技能、做任何事都不出彩，并不是我们不够聪明、不够努力，而是还没找到自己的天赋潜能。

此时，有朋友可能会想：可笑！毒鸡汤！要是我真有什么不同于人的天赋，过往二十多年、三十年我就不会一直穷得如此稳定。

好吧，我承认！从前的我也一度深信勤能补拙、天道酬勤的道理，相信大多数人的努力根本没有达到拼天赋的地步，如我这般平凡的人，身上定然不会有任何异于他人，并且可以称之为天赋的特质。

但事实上，细数我以往做成的每件事，取得的任何一丁点儿成绩，似乎都和我在言语、内省方面的天赋密不可分。别误会！==这里说的天赋并不是指你要有什么遥遥领先、超乎常人的能力，或者有卓越的才华、技能，而是每个人都有的与生俱来的相对优势。==

（一）如何找到相对优势

爱因斯坦说："每个人都身怀天赋，但如果用会不会爬树的能力来评判一条鱼，它会终其一生以为自己愚蠢。"

人人都有自己的相对优势和相对劣势，在付出同等努力的情况下，用天生的优势去做事，更容易出成绩。反之，在不擅长的领域做事，哪怕付出 120 分的心力，也可能是穷忙一场、瞎努力。这个道理，即便放在那些星光璀璨的"天才"身上，也同样适用。试想一下，如果

让数学只考 15 分的钱钟书先生去当数学家，让语文成绩不理想的陈景润院士去当作家，会是怎样一番景象？相对优势对个人品牌发展影响深远，我们可以能力特质自查和旁观者觉察两个方法，发现自己的相对优势。

1. 能力特质自查

美国心理学家霍华德·加德纳的"多元智能理论"，把人的能力**分为言语表达、数理逻辑、视觉空间、音乐韵律、身体运动、人际沟通、自我内省、自然观察八个部分**（见图表 4-2）。每个人的能力都由这八种智能组成，同时，每个人的优势能力又截然不同，我们可以借助表 4-2 查找个人优势能力。

注意！能力自查时，无须和他人对比，自己和自己比较即可，我们可以在表 4-2 的第 3 栏中，从 0～10 分为自己的每项能力打分，也可以直接写下每个能力板块中的具体特质表现，以便更清晰地了解自己的能力特质。

表 4-2　个人优势能力自查表

多元智能分类	能力特质表现	优势能力自查
言语表达	写作、阅读、理解、口语表达方面的能力	
数理逻辑	数学运算、数字推理、逻辑思考、归纳演绎、因果推论、抽象符号方面的能力	
视觉空间	图像、色彩、绘图、画画、三维空间、位置关系方面的能力	
音乐律动	感受、辨别、记忆、鉴赏、表达音乐的能力，以及对韵律、曲调、节奏的敏感度	
身体运动	运动、舞蹈、肢体表现、灵活度、平衡度、反应力等方面的能力	

续表

多元智能分类	能力特质表现	优势能力自查
人际沟通	对他人言语、表情、手势动作的觉察能力、共情能力，以及了解他人、沟通的能力	
自我内省	认识、洞察、反省自身、察觉自我情感和感受的能力	
自然观察	观察、探索、识别、发现自然系统规律或人造系统规律的能力	

以我自己为例，通过个人优势能力自查，我发现自己在言语表达、自我内省、人际沟通方面的能力要比其他方面更具优势。如果向外比较，我在言语表达、自我内省、人际沟通任何一个板块的能力，都只是勉强达到及格线的水平，但是当我持续深耕、放大我这些相对优势能力后，农村出身、双非普本毕业，本不该和作家、商业顾问产生任何关联的我，也凭着时代机遇，靠连续写作、自媒体、咨询得到了一些认可，受到了一些关注。

慢慢地，我开始相信，再普通的人只要找到自己的天赋潜能，也能在特定领域闪闪发光。看到这，**如果你依旧无法清晰地提炼出自己的相对优势，那么可以先问自己以下两个问题：**

（1）从小到大，别人对我最多的评价、赞美是什么？

（2）我在做哪些事情的时候，比较得心应手，容易做成？

写出这两个问题的答案后，再回到前面的个人优势能力自查表，根据答案中的关键信息，对照找到自己所拥有的相对优势能力。

2. 旁观者觉察：借助他人发现自身优势

正所谓，"当局者迷，旁观者清"。如果只靠内省自查发现不了自身的优势，可以询问身边的亲友、客户、伙伴，以此来发掘自身优势。

要注意，在借助他人发现自我优势时，尽量不问"你觉得我是一个什么样的人""你觉得我有什么特点"这种宽泛的问题，因为这种问题别人很难回答，并且答案难以聚焦。对方大概率只能用"很好""不错""优秀""漂亮"等同样宽泛的词语回答你。我们从这些宏大叙事的词语里，根本发现不了自己的优势特点。==正确的问题设置如下：==

（1）我在做什么事情的时候，会让你感觉到放心？

（2）我做过最令你印象深刻或最感动的事情是什么？

（3）想到我时，你脑海中马上会蹦出的三个关键词是什么？

同样，收集完这些问题的答案后，需要再次回到加德纳的"多元智能模型"中，对应查看他人眼中我们所具备的相对优势能力。完成以上两步之后，把自查和他人评价中重合的部分写下来，那可能就是我们的核心竞争优势了。

此刻，相信大家已经发现自己身上的很多闪光点，但我们刚刚查找的是自己的"显性天赋"，我们的"隐性天赋"可能尚未被发掘。

（二）什么是显性天赋和隐性天赋

==显性天赋，是自我能感知到或已经表现出来的，我更擅长的能力；隐性天赋，是我们与生俱来的对事物的反应和行为模式，是我们区别于他人并难以替代的优势能力==（见图 4-5）。

图 4-5　显性天赋和隐性天赋特点示意图

要想找到自己的隐性天赋，我们可以从那些能让我们发自内心地感到身心愉悦，即便没有任何报酬，要付出很多时间精力也愿意去完成的事情入手。

这时，可能有朋友在想：糟糕！我完全没有这样的经历。

别着急！我们可以用 SIGN 原则，一步步发掘自己的隐藏天赋。

S 即 Self-efficacy，自我效能。

S 也就是我们对完成某一件事的自信程度。那些能让我们感觉信心满满，觉得我能做好的事情里，往往隐藏着我们的天赋。

如果暂时想不到这样的事情，我们可以回想一下：

（1）身边人经常会向你请教什么问题，会找你帮什么忙？

（2）日常自己和朋友聊天的话题有哪些？

（3）和别人聊什么会让你感觉到轻松、没压力？

I 即 Instinct，本能。

I 指那些能激起你本能欲望的事情，我们可以回忆一下：

（1）在做什么事情时，你会迫不及待、跃跃欲试？

（2）什么事能让你毫不拖延、废寝忘食地去完成？

即便那些事情羞于启齿也不用害怕，因为我们的本能，就是我们的潜能。

比如，你在玩游戏时总是忘记时间，这没什么不好意思的！这恰恰说明，你是一个喜欢挑战、有专注力的人；再如，出去游玩时你总是很早就做好攻略、规划好行程、打包好行李，说明你是一个喜欢探索，同时又有规划能力的人。

G 即 Growth，成长。

G 指那些学得很快，在相同的时间投入下，能带来更多成长的事情。大家可以想一想：

<mark>有什么事情是能让你马上进入状态，并且不知疲倦，沉浸其中，</mark>

根本停不下来的？

我自己从媒体行业跨行做品牌咨询，就是因为我发现自己在看到一些行业报告、品牌案例时，脑子里总是能快速闪现一些创意灵感和解决方案，才敢大胆裸辞转行。

N 即 Needs，满足感。

N 指那些可以给我们带来成就感、满足感的事情。大家可以想一下：

（1）在做哪些事的时候，你会觉得即便疲倦辛苦也很满足？

（2）有哪些事情让你觉得完成后特别有成就感？

SIGN 原则的每个象限中都藏着你的隐性天赋，而其重合的地方，就是我们可以去着力开发的核心潜能，也是最容易出成绩，并且容易长期坚持实现复利的能力。

以我自己的 SIGN 象限图为例（见图 4-6）：

写作、写方案、产出爆文，帮客户、朋友出主意……

不喜欢程序性工作，讨厌按部就班，聊天、好吃、懒得动……

S 自我效能　I 本能

写作、策划、咨询
创意类工作

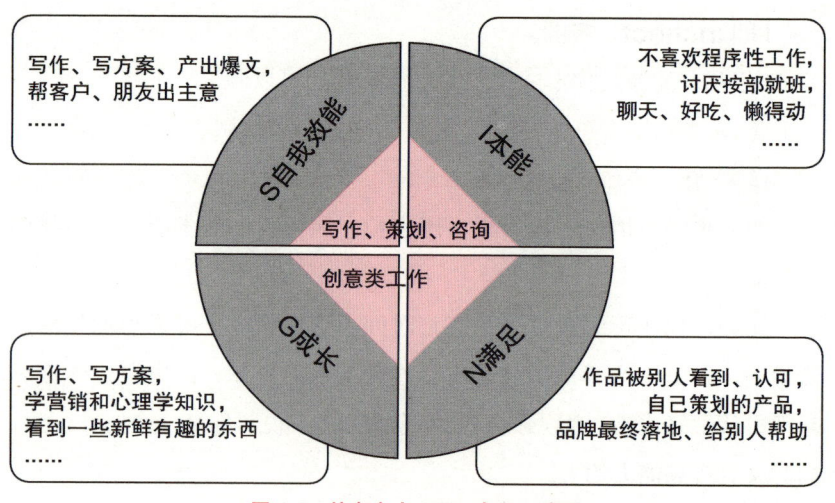

G 成长　N 满足

写作、写方案，学营销和心理学知识，看到一些新鲜有趣的东西……

作品被别人看到、认可，自己策划的产品、品牌最终落地、给别人帮助

图 4-6　笔者个人 SIGN 象限示意图

我的天赋重合点在写作、策划、咨询等创意类工作上。而我"好吃"这个本能，虽然隐藏了我在美食方面的优势点，我也利用这个优势做过甜品、饮品，口碑、反馈还不错，但最终因为做甜品、饮品这

件事带给我的自我效能感、满足感、成就感低，自我成长空间也有限，在经历很长时间的内耗之后，我选择了放弃。

（三）案例分享："平庸"设计师的转行之路

在我过往的咨询案例中，经常有咨询者对我说："老师，我觉得自己什么都不会，似乎没有任何天赋与相对优势。"但就像我们前面一直反复强调的，每个人都有自己独一无二的天赋与相对优势，只是你的天赋可能尚未被发掘。以下是我用本章中分享的优势发掘理论，帮助一位郁郁不得志的设计师朋友成功转行的过程还原，希望能给各位一些启发。

我的这位设计师朋友，当年为了考学半道出家学习绘画，在经历半年多高强度的美术集训后，顺利考入当地一所大学的艺术设计专业。毕业后，按部就班求职、找工作，成为广告公司的一名平面设计师。

怎奈工作多年，这位朋友在自己的专业领域似乎一直没有太大突破，她的那些平实无华的设计创意，总是被老板、甲方轮番挑刺。作品总是不被认可，我这位朋友逐渐产生了自己一无所长、人生无望的沮丧之念。

相识多年，我深知她在言语表达、人际沟通方面的天赋远大于她在艺术领域的造诣。于是，在她向我征询转行建议时，我建议她不要再继续在设计师这条路上内耗，可以去尝试做一些客户沟通、协调的工作。

在我的建议下，朋友从公司创意部调岗到了客户部，不到一年时间从基层的客户执行 AE，成为部门客户经理。前两年，她从公司离职，组建了自己的工作室。凭借多年积累的客户和人脉资源，工作室才成立就有了稳定的收入来源。

方向不对，努力白费。天赋觉醒，才能让你在擅长的领域如鱼得水，找到个人无法替代的竞争力。 希望你能早日找到并觉醒自己的天赋潜能，除了上述几个方法外，你也可以通过**霍兰德职业兴趣测试、盖洛普优势识别、MBTI 十六人格测试**等专业的人格测试，去辅助了解自己的天赋优势。

看到这里，可能有些朋友依旧认为自己是个没任何特长，缺点大于优势的人。所以，下一节中我们会详细探讨如何发现自己的差异化优势，以及如何化短为长，将缺点变成卖点。

四、与众不同：打造差异化的三个锦囊

在开始本节内容之前，我们一起来完成一个小测试。

EZOL4TPMB

测试内容：请快速看一眼上面的字符串，然后闭上眼睛，说出记住了哪些字符。

我不确定大家的具体答案是什么，但多年前心理学家冯·莱斯托夫在实验中发现，在同组项目或同一情景中，如果存在一个明显区别于其他的事物，人们会更容易记住这个孤立的、与众不同的事物。比如，在"EZOL4TPMB"这个字符串中，因为每个人记忆能力、注意习惯的不同，第一时间能记下的字符有所不同，但整体而言，字符串中"4"这个唯一的数字比其他字母更容易被人记住。

与众不同更易引起关注，也更易被记住，这就是心理学上著名的"莱斯托夫效应"。在打造个人品牌上，大家也形成了这样的共识：**打造个人品牌就是打造差异化。**

不过，就像本书前面提到的一样，实践中很多朋友觉得自己过于普通，没有任何可放大的差异化优势。其实，能让我们"与众不同"的并不只有优势、天赋，只要学会转变视角，辅之以一些营销技巧，普通也可以变出众，缺点也会转化为优势，分享三个人人能复制的差异化制造"锦囊"（见图4-7），具体方法的细节会在后面一一展开。

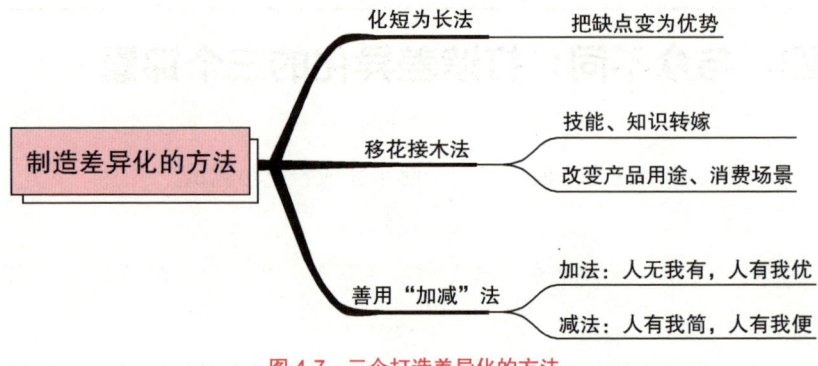

```
制造差异化的方法 ─┬─ 化短为长法 ─── 把缺点变为优势
                 │
                 ├─ 移花接木法 ─┬─ 技能、知识转嫁
                 │              └─ 改变产品用途、消费场景
                 │
                 └─ 善用"加减"法 ─┬─ 加法:人无我有,人有我优
                                   └─ 减法:人有我简,人有我便
```

图 4-7　三个打造差异化的方法

（一）化短为长法

金无足赤，人无完人。每个人身上都有缺陷与不足，日常生活中，很多人喜欢把自己的缺点隐藏起来，生怕一不小心暴露缺点就会被人所不齿。其实，人没有绝对的优点与缺点，优点也好，缺点也罢，它们都是我们区别于他人的特点。**我们的优点，是显性优势；而我们的不足，其实是暂未被驯化的潜在优势**（见表 4-3）：

- 天生敏感脆弱，其实是我们自带情绪雷达，有很强的觉察能力和共情能力；
- 生来胆小怕事，是因为我们遇事谨慎周全，具有强大的危机管理能力；
- 总是爱拖延、喜欢踩点，说明我们有"泰山崩于前而色不变"的抗压能力；
- 遇事不决、缺乏主见，是因为我们善于分析总结、喜欢听取别人意见；
- 做事三分钟热度，说明我们充满好奇心，愿意尝试新事物，具有学习和创新能力；

- 总是冲动莽撞，说明我们是执行力、行动力王者。

表 4-3 把现有不足转化为潜在优势对照表

现 有 不 足	潜 在 优 势
敏感脆弱	觉察能力、共情能力
胆小怕事	危机管理能力
喜欢拖延	抗压能力
没有主见	分析总结能力、听取别人意见的能力
三分钟热度	学习能力、创新能力
冲动莽撞	执行力、行动力

问题的反面是机会，缺陷的背后是优势。

换个视角看问题，我们的缺点就会变成优点，弱点也会变成赛点。

以我自己为例，我是一个典型的三分钟热度"选手"，我也曾因为自己无法长久专注于一份稳定的、朝九晚五的工作而懊恼，但当我进入营销行业后，我的这个缺点反倒变成了我的差异化亮点，因为这三分钟的"热血沸腾"让我总能在不同的项目中保持足够的热情和探索欲，让我有机会获得更多项目。每个人身上都没有绝对缺点，只有尚未开发的差异化特点。

（二）移花接木法

经常有朋友抱怨：到处都是"红海"，我这个行业已经完全饱和，机会太少了。

确实，现在各行各业都不容易，但哪怕在那些已经趋近饱和的行业里，依旧有"新秀"杀出重围，在激烈的市场竞争中站稳脚跟。有趣的是，这些在激烈竞争中突围成功的往往是一些非本行业的"跨界选手"。像完美日记、轻生活等日化行业的后起之秀，他们的创始人都是从其他行业跨界到日化行业的。

1. 技能、知识转嫁

如果我们想切入的行业已经趋近饱和，可以试着跳出固有框架，用"移花接木"思维把所处领域的技能、知识、经验嫁接到其他行业，看是否能碰撞出其他机会。

例如，在当前的大环境下，同样是学美术出身的毕业生，有人会抱怨就业环境差、找不到工作，但也有人转换赛道，把自己的绘画功底、艺术审美"移花接木"到美甲、化妆上，走出一条不一样的艺术之路。

2. 改变产品用途、消费场景

除了经验技能的跨界挪移，我们还可以通过改变产品用途、消费场景，甚至改变目标客户群体、销售话术等方式，稍稍转换赛道，避免直接和竞争对手在主战场正面厮杀，在和竞争者不同的阵地上体现出自己的差异。

"今年过年不收礼，收礼只收脑白金"这个广告语，就是运用"转换"思维打造差异化的一个经典案例。产品用途上，当别的保健品聚焦在拼功效、讲成分时，"脑白金"既不提功效也不讲成分，而是改变策略，把保健品当作礼品卖。这样，品牌的目标客户群就从有保健需求但不舍得花钱的老年人，变成了有消费能力、有送礼需求的年轻人；同时，"过年送礼"这个消费场景的框定，进一步刺激了目标用户的消费动机，使"脑白金"一度成为过年走亲访友的"标配"。

现在，我们可以尝试把自己的领域在产品用途、消费场景、客户群体、销售话术上做一些改变，看看是否能碰撞出不一样的火花。

（三）善用"加减"法

在同质化产品、同质化服务泛滥的今天，普通个体创业者要想开发出一个具有颠覆性技术创新的产品、服务并不容易。但只要我们能站在用户角度，为自己的产品、服务做一些优化、改进，就可能会形成区别于其他产品的差异化优势。

1. 加法：人无我有，人有我优

有时我们只需要站在用户角度多考虑一点，在产品功能、情感价值和服务细节上稍微做出一些提升优化，就能让自己的产品、服务具有"人无我有，人有我优"的优势。

以常被视为爱情见证的玫瑰为例，在鲜花批发市场，你只需9.9元就能买到10枝左右玫瑰；玫瑰进入花店，经过花艺师包装被赋予"一生一世"等美好意蕴后，售价上升至百元左右；同样是以玫瑰的象征意蕴做文章，ROSEONLY把"一生只爱一人"作为自己的价值主张，为订购玫瑰产品的用户加了一条特殊规则，规定每位男士一生只能在ROSEONLY上为一位女士订购玫瑰。就这样，ROSEONLY把玫瑰这个产品从稀松平常的礼物，包装成了"一生只爱一人"的专属爱情信物，售价也随之翻了上百倍，12枝鲜花玫瑰售价高达1314元。

2. 减法：人有我简，人有我便

怕麻烦是人的天性，这里说的"减法"是站在用户角度，想用户之所想，图用户之所图，在产品开发、服务流程上减去烦琐、不必要的环节，为用户节约时间、省去麻烦，以最简单、最便捷的方式让用户购买，体验到我们的产品、服务，打造出"人有我简，人有我便"的差异化体验。

比如，现在很多 App 都有记录体重的功能，但对于一些怕麻烦的极简主义者而言，一些功能齐全的 App，繁杂的商城功能、广告页面反倒会让他们觉得眼花缭乱。相较于功能齐全的综合性 App，他们更乐意选择功能单一、页面简洁的体重记录 App。

大道至简，少即多。在做产品、服务规划时，我们可以把自己切换到用户视角，想一想有哪些环节是不必要的，哪些部分会增加用户时间、精力成本。然后把这些繁杂的环节砍掉，**比用户多想一步，让用户少走一步。这样，我们就多了一个被用户偏爱的机会。**

五、人设打造：做完美人设，不如做信任背书

互联网时代，我们看过太多"眼看他起朱楼，眼看他宴宾客，眼看他楼塌了"的人设崩塌事件。深究这些塌房事件背后的原因，无外乎"没装好"三个字。

出于形象管理的需要，很多人在打造自我人设时会用到"装"这个策略。装完美、装自律、装努力、装文艺……"毛坯生活，精装朋友圈"已经是再常见不过的现象。

在一些自媒体平台，我们甚至会看到部分顶着个人 IP 打造"导师"名号的所谓"大佬"，在堂而皇之地教学员如何靠穿假名牌、摆拍豪车豪宅、秀精致生活的手段，把自己伪装成"高富帅""白富美"。糟糕的是，这种荒诞的人设打造方法，至今依旧有不少人在实践。

在互联网虚假人设风气的影响下，不少朋友把"立人设"和"学会装"自然而然地等同起来。哪曾想，立人设的过程就和搭屋建房一样，如果自身根基不扎实，内里又没真材实料，只是一味去堆砌、粉饰外在，那这房子坍塌是迟早的事情。

有的朋友可能会疑惑：如果不去伪装粉饰，那么平凡如我，该如何去打造自己的人设呢？我的观点是：做完美人设，不如做信任背书。

对于大多数人而言，打造个人品牌，塑造人设的目的是：扩大影响力→增加信任→提升商业价值→促进成交。

基于这个目的，我们真正需要思考的不是"我要立一个什么人设"，而是"我应该如何快速获得用户信任""我应该如何构建自己的信任背书"。因为，一切成交都是建立在信任基础上的，与其费尽心力去伪装一个根本不存在的自己，不如从真实出发，筛选出属于自己的信

任背书，这样你的个人品牌人设才能持续立住。

1. 学历背景

诚然，我们早已不再用学历去衡量一个人的综合能力。但无法否认的是，学历的光环效应在任何时代都是存在的。比如，同样是学习成长类的自媒体账号，有名校背景、竞赛金奖、冠军光环的博主，确实比学习背景普通的博主更容易吸粉。

所以，如果本身拥有不错的学历背景或高光时刻，可以大方地将这些优势资源作为信任背书展示出来，这可以成为我们人设塑造过程中的一个加分项。不过，切记！一切基于真实，不要妄图有任何弄虚作假的念头。否则，因"学历造假"而塌房，很可能会给我们的个人信用造成毁灭性损伤。

2. 作品案例

正所谓"事实胜于雄辩"，任何有和甲方客户谈单经历的朋友，都知道成功的作品案例比很多"高大上"的理论话术更有说服力。

虽说过往的成绩并不能代表现在，也不能预设未来，但它们是能直接体现我们专业能力、交付能力的载体。无论我们从事的是什么行业，只要拥有几个能拿得出手的作品或成功案例，就可以很好地解决掉用户不信任的问题。我们可以通过下述方法积攒自己的案例库：

（1）以全职或兼职形式加入团队参与项目，累积经验值；

（2）把自己或亲友当作案例对象；

（3）通过自媒体平台招募公益服务对象；

（4）应聘试稿、发布飞机稿等。

在展示作品案例时，可以通过数据量化、前后对比、讲故事等方式，增强案例说服力。例如，如果你是一名刚入行的体重管理师，可以把自己或亲友作为案例对象，分享你们用多少时间减重多少斤，并用照片、视频的形式将前后对比直接展示出来。

3. 行业资历或专业证书

人们总是倾向于信赖那些表现出良好专业素养的人，因为专业背后往往是成百上千的案例累积和日复一日的经验叠加。所以，我们在某一领域的从业时间、服务案例数量、项目经验、资格认证、专利发明、专业证书等，所有我们在专业领域付出过的努力或取得的成绩，都可以作为信任背书。

大家可以根据自己的行业特性，筛选出能体现自己专业能力的信任标签。

作为一人公司创业者，我们需要在多个板块呈现出应有的专业性，所以在展示专业素养时，我们需要根据不同的交流场景、目标用户，有所侧重地呈现，不能一概而论。例如，我在和 B 端企业用户沟通时，会侧重展示自己"10 年品牌营销人"的经历，而在个人自媒体账号简介上，则会弱化这一经历。

4. 好头衔、好标签

受"光环效应"的影响，人们天然对作家、大学讲师、行业专家、创始人、公益人士等头衔、标签具有好感，继而对拥有这些头衔、标签的人产生好感。

第一印象很重要，如果我们已经获得某些能代表专业、权威的好头衔或标签，那么可以大大方方地把这些头衔、标签展示出来，作为自己的信任背书，提升"第一眼好感"。

如果暂时还没拥有上述标签，不用着急，更不用无中生有，虚假包装自己。这种情况下，我们可以尝试用一些巧妙的方式给自己增添头衔、标签，比如，可以自己创建一个小社群，这样我们就拥有了一个"某某社群主理人"的头衔；或者可以付费以"合伙人"的方式加入一些影响力不错的社群，借他们的影响力，提升用户对自己的信任度。

5. 为知名企业工作、服务过

很多朋友会在社交平台上看到一些博主的简介这样写：

前500强企业董事长助理、某某大厂运营、某某大号主编……

这种把自己和名企、名人关联的方式，很容易会让人产生一种"这个人好像挺厉害"的联想。

没有任何一份工是白打的，没有任何一件工作是白做的。

如果你有为知名企业、名人工作、服务的经历，请放心大胆地把这些经历写进自己的个人介绍中，让他们成为你的信任背书。哪怕你仅仅是为某个大品牌设计过一个简单的海报，你也拥有了"曾为某某大品牌服务"的背书，因为你确实为其提供了服务，并且你的作品在这次服务中得到了认可。如果还没有类似的经历，那我们可以在之后的工作中，主动去争取一些这样的机会。

6. 从成长故事中挖掘背书

看完前面几个方法，可能会有朋友在想：糟糕！这些方法我一个都用不了。

别急，还有一个人人能运用的信任背书构建法——从自己的成长故事中挖掘背书。

这里的**故事可以是逆袭故事、成就故事，甚至是失败故事，只要这些事件能体现我们身上的某项品质，或者能表现出自己的能力、专业**，都可以作为我们的信任背书。

比方说，"丑穷女孩陈浪浪"这个博主，她的个人简介里有一句话是这样写的：三本文科混进大厂。这是一个具有自嘲意味的逆袭故事，藏在故事背后的弦外之音是：学历不代表能力，专业不代表就业能力。

假如是失败故事呢，怎么转换为自己的信任背书？方法很简单，用**"失败经历+能展示美好品质的应对方法"**。

比如，罗永浩老师在锤子科技破产、负债 6 亿元之后，选择用接代言、上综艺、直播带货等方式积极偿还负债，为自己塑造了一个有担当、有责任的企业家形象。

做完美人设，不如做信任背书。要特别说明的是，我们的**信任背书是需要在真实的基础上去构建、提炼的，不要虚构，也不要自吹自擂**。

另外，信任背书的打造是一个循序渐进的过程，很少有人能够一生下来就拥有牢不可破的背书，我们可以从自己的成长、工作经历入手，先用一些小的成就事件、案例经验去获得小部分用户的信任，然后通过不断累积资历，逐渐强化自己的信任背书。

六、品牌故事：手把手教你讲好高价值故事

人类还没创造出文字，就已经学会了讲故事。

关于讲故事，有句印第安谚语说："Those who tell the stories rule the world."翻译过来就是："那些会讲故事的人，终将统治世界。"以色列作家尤瓦尔·赫拉利在其代表作《人类简史：从动物到上帝》一书中更是旗帜鲜明地提出，人类之所以能统治世界，是因为人类会讲故事。故事赋予了人类前所未有的能力，让我们能集结大批人力、灵活合作，由此人类创造了国家、法律、公司和金钱。在赫拉利看来，即便是完全不相识的陌生人，只要共同相信某个故事就能合作。**故事把拥有共同信仰和价值观的陌生人聚集在一起。**

因此，人类拥有了比其他动物更强大的，能够主宰世界的力量。身处人工智能时代，AI 工具已经能一定程度代替人类大批量生产出无穷的故事。人类讲故事的能力还重要吗？

（一）人工智能时代，更要会讲故事

对于这个问题，Runway 国际 AI 电影节银奖获得者刘君宜（Junie Lau）导演有这样一个观点：每个人都可以用 AI 做作品，但 AI 并不能让每个人都成为艺术家或导演。AI 能解放创作者，给创作者提供更多的工具，但我们得先知道怎么讲故事。

也就是说，**人工智能时代，我们更需要拥有讲故事的能力**。为何这样说呢？

因为故事在人际交往中具有不可替代的作用，一万个喋喋不休的大道理，不如一个动听的小故事，没人愿意听大道理，但人人喜欢听

故事。**讲故事的能力直接决定我们影响、说服他人的能力。**

比如，乔布斯、雷军等拥有巨大商业影响力的企业家，全都是讲故事的高手。我们身边那些取得过不错成绩，总能得到他人帮助、支持的人，往往也有不俗的讲故事能力。

只要人类还有现实交往的需求，我们就需要有讲故事的能力，甚至讲故事的能力会直接影响我们未来的竞争力。那么，如何讲好一个故事，尤其是讲好一个高价值的商业故事？好故事都有哪些要素？

（二）"好故事"的基本要素

讲故事是人类与生俱来的天赋，在很小的时候我们就已经掌握叙述故事的基本逻辑：讲述清楚人物、地点、时间，事件的起因、经过、结果。

既然每个人都掌握了讲故事的基础能力，为何讲出的故事会天差地别呢？是文采的关系，还是素材积累的原因？普通故事和好故事的区别究竟在哪里？上述这些问题，我想通过一个商业故事，来告诉大家答案。

知名母婴电商"蜜芽"的创始人刘楠在她《创造你想要的世界》一书中写道，在她面临创业艰难抉择，犹豫是否要卖掉辛苦创办的"蜜芽"时，她给著名投资人徐小平发了一条短信，短信只有简单的三句话。

第一句：徐老师您好，我是一名北京大学的毕业生，我现在在开淘宝店。

第二句：我的销售额已经突破了3000万元，但我非常不快乐。

第三句：听说您是青年的心灵导师，我是一位陷入心灵困惑的青年，您有时间开导我吗？

刘楠发完短信后，后续如何呢？

两分钟后徐小平老师给刘楠打回电话并约好了面谈时间。

面谈三个小时后,徐小平做出了投资刘楠的决定。关于刘楠和"蜜芽"的故事还没讲完,不过我们现在先来拆解一下上面这条帮刘楠撬动大笔投资的信息背后包含的故事要素。

第一句,表明身份,介绍了自己的从前和现在,"北京大学毕业"和"开淘宝店",形成了第一个冲突;

第二句,"销售额突破 3000 万元"和"非常不快乐",形成第二个冲突;

第三句,委婉表达了内心的渴望:我有困难需要您的帮助,但放心我不是找您要投资的,我只是内心困惑想找您开导,用言语消解了对方的抗拒心理。

短短一段文字,在展示自己过往经历、现有成绩的同时,清晰地表达了自己当下面临困惑以及想要得到帮助的愿望,短信内容既有冲突又有反转,完全符合**"好莱坞编剧教父"罗伯特·麦基提出的好故事核心要素:冲突颠覆生活**。

这时,有朋友可能会想:不一定非要有冲突、反转才是好故事吧。对于这个疑惑,我们一起做个实验,假如我们把短信中的冲突反转部分都去掉,短信内容可能就会变成:

"徐老师您好,我是一名北京大学的毕业生,我现在在淘宝做母婴电商,目前销售额已经达到 3000 万元,我正在寻求融资,我能见见您吗?"

面对这样一条短信,如果你是徐小平老师,你会怎么处理呢?

无冲突不故事,从刘楠这个故事中,可以总结出一个简单的好故事公式:

好故事 = 人物 + 冲突 + 反转

冲突可以是内心冲突,也可以是外部阻碍、困难,反转既可以是颠覆性的生活轨迹改变，也可以是主人公心境的改变和目标的转化。好故事的基本要素知道了，那么我们怎么才能把这些要素运用到自己的品牌故事创作中呢？在此，给大家分享几个简单的好故事模型。

（三）人人可复制的故事模型

● 故事模型1：我的愿景故事

前文分享的刘楠用一条短信撬动大笔投资的故事就是典型的愿景故事，愿景故事可以广泛运用于寻求业务、求职面试、创业路演等场合。在写愿景故事时，我们可以先在本子上列出以下信息，然后把这个信息整合成故事。

我希望/我想要_____。（愿景、渴望）

我为此付出的/收获的_____。（行动、成绩）

我所面临的_____。（冲突、障碍）

我仍旧在做的_____。（努力、坚持）

在完成愿景故事信息的初步罗列后，可以通过冲突前置、愿景后移等方式，增加故事的悬念感和吸引力，前文中刘楠给徐小平发的那条短信就运用了"愿景后移"的方式。

● 故事模型2：我的"英雄之旅"

"英雄之旅"是神话学大师约瑟夫·坎贝尔总结的一个故事叙述模型，古今中外的各类经典故事、影视作品创作都运用了这个故事模型。在坎贝尔的"英雄之旅"模型中，包括一次旅程、两个世界（平凡世界、非凡世界）、三幕剧（启程、启蒙、归来）、十二个组成部分（见图4-8）。

平凡世界
冒险召唤
拒绝召唤
遇见导师
带回礼物
平凡世界
跨越第一道门槛
复活
非凡世界
返回
测试盟友、敌人
获得回报
通往最深处的洞
终极考验

图 4-8 "英雄之旅"故事模型

"英雄之旅"这个故事模型，可以在品牌故事、演讲、路演等场景运用，在撰写自己的"英雄之旅"故事时，我们可以根据实际情况对其中一些环节进行简化，只要不影响故事的完整性、冲突性即可。

在创作"英雄之旅"故事前，大家可以先列出以下信息，再去整合构思故事。

曾经我_____。（在平凡世界里，生活处于平衡）

有一天，_____。（一个特殊事件打破了原本平静的生活，我准备接受冒险）

但是，我发现_____。（进入新世界后，面临的诸多挑战）

这让我觉得_____。（内心冲突）

但是，在_____的帮助/启发下，我开始_____。（行为、心境转变）

后来，我获得了_____。（阶段性的正向反馈）

最后，我_____。（完成的终极考验）

从此我_____。（逆袭新生，重新进入生活平衡）

个人品牌：打造个人 IP，启动财富加速器

为了让大家能更清楚地理解"英雄之旅"的故事模型，接下来我会用"英雄之旅"的模型，把前文没讲完的刘楠和"蜜芽"的故事，继续给大家讲完。

以前文提到的徐小平老师决定投资刘楠的"蜜芽"为起点，"蜜芽"吸引了多方投资者的关注，短短几年完成多轮融资，巅峰时期估值百亿元，一度成为国内估值最高的跨境母婴电商（生活处于平衡中）。

近几年，随着用户消费习惯的改变，母婴电商遇冷，很多母婴电商先后陷入倒闭潮（特殊事件打破平静，迎接冒险），同样面临诸多经营困难的"蜜芽"，曾尝试用社交电商、短视频等方式突围，但自救效果并不理想，还因社交电商的模式一度陷入负面舆论危机（进入新环境，面临诸多挑战）。

最终在多方考量后（内心冲突），"蜜芽"于 2022 年 9 月宣布关停其 App 服务。

至此，属于"蜜芽"的故事尘埃落定，但创始人刘楠的故事并未落幕，在重重困难夹击下，刘楠带着团队重新启程（重启），开始转战抖音短视频、直播……（此处省略其经历的重重苦难），最终刘楠在首场直播中拿到了 4000 万元的销售成绩（逆袭新生）……

看完这个故事后，你也试着写下自己的"英雄之旅"故事吧。

● **故事模型 3：我和你一样**

除了上述两个故事模型外，我还有一个经常建议学员、客户使用的模型，我把它称之为"我和你一样"故事模型，以下是这个模型的基本要点。

和_____一样。（你的客户群体）

从前，我是一个_____。（不足、弱点）

但是，后来我_____。（做了什么发生转变）

我知道很多人和从前的我一样，_____。（展示痛点、需求）

所以，我_____。（我能为你做什么）

目前我已经帮_____。（成果、用户反馈）

假设我们是知识付费、大健康行业、疗愈等领域的创业者，"我和你一样"的故事模型，能很好地从情感上拉近你和目标客户之间的距离，增加他们对我们的信任，让自己的产品、服务变得更有说服力。

当然，**任何一个简单的公式、模型都无法完全概括出好故事的元素。**

真正的故事在于动人心弦，而非公式套路。 大家可以从公式套路出发，通过不断练习输出，早日写出不拘泥于任何套路，但扣人心弦的好故事。

七、爆款输出：爆款内容的四大底层逻辑

所有爆款内容都是有迹可循的，无论是短视频内容，还是图文信息，所有高赞、高评的爆款背后，蕴藏的底层逻辑往往是相通的。不信，你现在拿出手机，随意打开某一平台的热点榜，你会发现**出圈的爆款内容，基本逃不开"有情、有趣、有用、有共鸣"这四个关键词。**
以下面这张我随意截取的微博实时热搜榜单为例（见图4-9）：

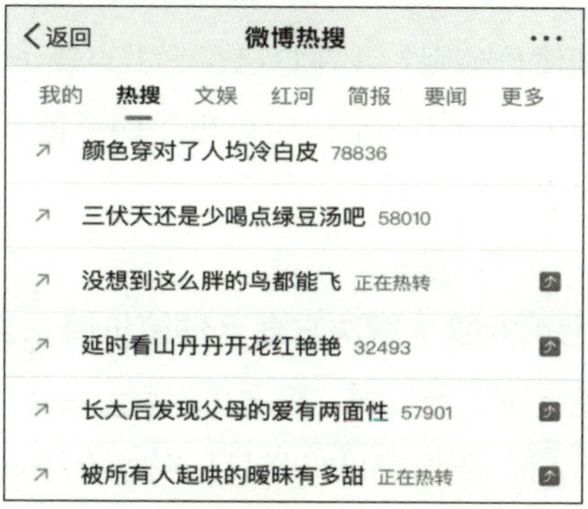

图 4-9　任意截取的微博实时热搜榜单

榜单中，"颜色穿对了人间冷白皮""三伏天还是少喝点绿豆汤吧"这两个话题满足了人们的好奇心，同时为人们传递了实用的穿搭和养生建议，属于"有趣又有用"的内容；"没想到那么胖的鸟都能飞"激发了人们的好奇心，是"有趣"好玩的内容；"延时看山丹丹花开红艳艳"这一热点，藏在美景美图背后的是人们对美好事物的向往和热爱，体现了"有情"这一爆款逻辑；"长大后发现父母的爱有两面性"则属于易引起大众情感共鸣、互动的话题，符合"有情""有共鸣"的逻辑。

看到这里，很多朋友应该已经发现，出圈的内容往往会踩中"有情、有趣、有用、有共鸣"这四个关键词中的至少一个。特别是"有情"

171

这个关键词，在很多爆款内容中有所体现，是我们本小节要重点学习的创作逻辑，也是人工智能时代提升自我竞争力的一个切入点。接下来，我们具体来看，如何在内容创作中做到有情、有趣、有用、有共鸣。

（一）有情

爆款内容往往自带情绪，爆款背后通常隐藏着一个未被满足的情感需要。在大众情绪亟须得到宣泄、满足的今天，身为创作者我们必须有**即时激活用户情绪，以及为用户提供情绪价值的能力**。如何才能让你的内容自带情绪价值呢？我在自己写出上百篇浏览量超10万人次的爆文，分析上千篇高赞内容后，总结出了两个能让内容自带情绪价值的爆款内容公式。

● **公式一：七情六欲 + 解决方案 = 情绪价值 + 实用价值**

人有七情六欲，喜、怒、哀、惧、爱、憎、欲都是常态。

在做内容创作时，我们可以根据目标受众在不同事件中可能表现出的情绪欲望，针对他们的七情六欲提供解决方案，让内容同时兼具情绪价值和功能价值，以此提升爆文概率。

比如，女生经常刷到的"懒人7天减脂外卖""N天吃出马甲线"等高赞内容，就是利用了很多人想瘦，但既管不住嘴，又迈不开腿的现实，为他们提供了一个看似可以"偷懒"的解决方案（见表4-4）。

表4-4 爆款内容公式一应用示例

七情六欲	懒惰
人物事件	想瘦，但既管不住嘴，也迈不开腿的人
解决方案	一边偷懒，一边想瘦 比如懒人7天减脂外卖、N天吃出马甲线等

● 公式二：顺人性 + 反套路 = 情感共鸣

内容创作要学会顺应人性，越是顺应人性的内容，越容易引起情感共鸣。像自律、情绪稳定、时间管理、学习规划等都是自媒体创作热词，我们平时刷短视频经常会看到各路大小博主分享类似"告别懒惰！05:30 早起自律学习 vlog""30 天自律健身挑战""如何做个情绪稳定的成年人"等励志的内容。这样的内容固然很有看点，因为它们对抗了人性懒惰、焦虑的弱点，像一剂"强心剂"一样给人奋进的动力。但"鸡汤"喝多了会腻，"强心剂"给太多会引起用户免疫，这时我们可以尝试用"顺人性 + 反套路"的方式去创作内容，可能会有出其不意的效果。同样是拍学习 volg，小红书上有一个很有意思的博主，放弃了走"励志"路线，以"怨气冲天学习工作"为创作主线，顺着人性做内容，用"怨气冲天"的幽默吐槽，把早起的痛苦、学习的无奈、工作的糟心毫无保留地展示出来，引起了学生和上班族深深的共情。就这样她的账号仅靠 50 多篇笔记就收获了接近 90 万的赞藏量，其中一篇爆款笔记赞藏达 48.4 万（见图 4-10）。

图 4-10　小红书某学习博主页

（二）有趣

都说"有趣的灵魂万里挑一"，如果想让一个沉闷寡淡的人变得有趣，可能不太容易。但让内容"有趣"起来，还是有很多方法的。

以下是**三个能让内容瞬间"灵动"的小技巧**。

1. 感官有趣

人是感官动物，通过感官接受到的刺激对世间万物做出本能反应。所以，让内容变有趣最简单的方式就是在视觉、听觉上加入一些有趣好玩的元素，通过感官刺激，激发用户的好奇心和参与感。比如，我们可以在图文创作上适当加入一些风趣幽默的笑话、脑洞漫画，在视频内容中增加一些有趣的综艺特效，以此打破内容的沉闷、乏味感。

2. 形式有趣

同样的话题，同样的内容，用不同的形式、不同的场景呈现，效果可能大相径庭。

以"不想上班"为例，下面这三种不同的呈现形式，大家想象一下画面有何不同：

形式1：妆发整齐、正襟危坐地面对镜头口播；

形式2：一边暴走赶地铁，一边举着手机录制吐槽；

形式3：暴躁起床、洗漱、通勤……兵荒马乱打工人的一天 volg

此时，大家的脑海中应该已经有三种呈现形式的画面了。当然，举这个例子并不是要去评判这三种形式究竟哪种更有趣，因为每个人对有趣的理解不同，我只是想启发大家做内容创作时，可以多尝试一些呈现形式，让内容变得更丰富。

3. 内容有趣

当然感官有趣、形式有趣，说到底都只是表层有趣，要想内容深层有趣，需要我们在内容上多下功夫，让读者在看到我们发布的内容时身心愉悦、会心一笑。但是，要真正做到内容有趣并不是一朝一夕就能实现的，这需要我们在日常生活中，通过有意积累、刻意练习，让自己变成一个灵魂有趣的人。

（三）有用

经常会听到一些朋友抱怨：某某人或某某内容真是火得莫名其妙，一点儿用处都没有。

确实，现在互联网上充斥着海量垃圾信息，但真正能成为爆款的内容绝不会是完全无用的。就像那些幽默搞笑的视频，表面上看它们似乎没有给我们提供任何有用价值，但其实在我们划过视频会心一笑的瞬间，我们已经从这个视频中收获到了情绪价值，只是这种"获得感"比较短暂而已。

所以，如果想让用户在我们的内容上停留更长时间，让他们通过内容对我们产生更多信任，那么我们需要给他们提供更多"有用"的信息，延长他们的获得感、满足感。

这里的"有用"不仅包括技能类、实用干货类、避坑类、知识类、经验分享类等实用信息，还包括一些你知道但他人不知道的信息差，以及音乐、文学、绘画等能够满足用户审美需要的内容。

总结起来，**能为用户提供情绪价值、实用价值、信息价值、审美价值的内容，都是"有用"的内容。** 大家可以在每次创作内容时，检查一下自己的内容，看看是否具备了至少一种价值。

（四）有共鸣

在进行内容创作时，只要我们的内容真正做到"有情""有趣"

"有用"中的一条，就很容易引起读者的共鸣。但我在为客户、学员提供咨询时发现，很多人在进行内容创作时会不自觉地陷入"自我中心模式"，完全站在自己的角度考虑写什么、发什么，而不考虑用户喜欢看什么、需要什么。

身为内容创作者，我们当然有权力去表达自己想表达的内容，但个人品牌的内容创作不是纯艺术创作，如果只考虑自己想发什么、说什么，就很容易陷入"自嗨"，辛苦创作的内容数据惨淡不说，还会无形中拉大和用户之间的"鸿沟"。所以，在做内容创作前，请先思考一下这些问题：

（1）我的这篇内容是给谁看的？

（2）他们喜欢看什么、在意什么？

（3）这篇内容有没有给他们提供一些价值或解决一些问题？

（4）如果我是他们，我不希望在内容中看到什么？

站在用户角度，为用户发声，才能引起用户共鸣。不过，帮用户发声不是要我们无原则、无底线地去讨好、迎合用户，而是在倾听他们的声音、了解他们的需求后，用我们的知识、经验真诚地分享给他们更多"有情""有趣""有用"的内容。

第五章

销售转化：
用户持续付费的理由

只有把设计、开发出的产品、服务卖出去，把自己的个人品牌推销出去，一人公司才能实现真正意义上的盈利。如果我们主动去了解一些创业者故事，阅读一些商业书籍，会发现：优秀的创业者、成功的企业家，往往是一名好销售。销售转化能力是每个创业者都应该具备的基本能力。尤其是对于独立工作，没有强大销售团队作为辅助的一人公司创业者而言，销售转化能力是其必须着重修炼、提升的创业基本功。

　　如何提升自身的销售转化能力呢？**销售转化是一门技术，也是一场心理营销战**。本章将从销售原理、消费动机、消费心理多角度着手，带大家了解一些有利于激发用户购买欲望，促进成交的销售技巧、转化公式和心理学效应。同时，本章还会专门就很多一人公司创业者感兴趣的知识产品、虚拟服务销售，以及如何将"羊毛"用户转化为付费用户等话题展开详细讨论。

一、万能成交公式：AITDA 模型

我曾碰到过很多创业者和独立工作者，他们有很强的产品设计、开发能力，专业水平、服务能力也远超行业基准线，但一到销售转化环节就感觉有心无力，完全不知道应该如何把自己的产品、服务更好地销售出去。生活中很多朋友认为，一定要有很好的口才，掌握一套完备的销售话术、营销套路才能把东西卖出去，但其实买卖行为的发生并没有那么复杂，我们**只要搞清楚自己是如何把东西"买进来"的，就知道如何把东西"卖出去"了**。

（一）怎么把东西买进来，就怎么卖出去

以近期我的两次消费经历为例，我们一起看看，买东西背后的思考决策过程是怎样的。

● **消费经历 1**

某天午休前，我窝在懒人沙发上，打开某个社交平台准备闲逛一下，这个过程中偶然刷到一个卖秋装的直播间，我觉得主播很漂亮，身上穿的卫衣也很好看。于是，我在这个直播间外逗留了一会儿。这时，遇到主播开价并上架身上的卫衣链接，我觉得价格挺实惠，就点进直播间查看了商品详情页、店铺评价。看完评价后，我心想马上入秋了，于是我下单购买了这件卫衣，并退出了直播间。

● **消费经历 2**

我和学姐吐槽，文科生学心理统计学实在是太难了，每次听课都

会忍不住怀疑自己的智商。听完我的吐槽，学姐推荐给我一个 B 站的 UP 主，说他讲统计学基础知识很有趣。于是，我去 B 站搜索并关注了这个 UP 主，试看了他的两节课后，我被这个 UP 主的风趣幽默深深打动了，于是我投币订阅了他的课程。

接下来，我们一起拆解下我这两次购买行为发生的路径（见图 5-1、图 5-2）。

好看的卫衣	→	价格很实惠	→	看详情页、评价	→	考虑马上入秋了，需要秋装	→	下单购买
引起了我的关注		产生继续了解的兴趣		建立了信任		激起购买欲望		产生购买行为

图 5-1　我的消费经历 1：购买行为发生的路径图

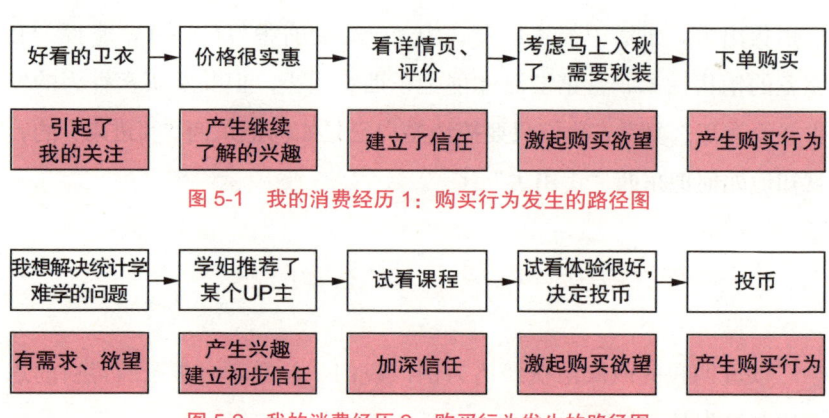

我想解决统计学难学的问题	→	学姐推荐了某个 UP 主	→	试看课程	→	试看体验很好，决定投币	→	投币
有需求、欲望		产生兴趣建立初步信任		加深信任		激起购买欲望		产生购买行为

图 5-2　我的消费经历 2：购买行为发生的路径图

我这两次消费经历，一次是"无意购之"，一次是"有意求之"。不管是无意还是有意，**当我们决定购买某件产品或某项服务时，一定是因为具备了以下这些前提条件：**

（1）产品本身或卖产品的人，引起了我们的关注、兴趣；

（2）本身存在购买需求，或被创造了购买需求，从而产生了购买欲望；

（3）对产品本身或提供产品、卖产品的人，产生了某种信任。

怎么把东西买进来的，就怎么把东西卖出去。所以，**只要把买东西的步骤转变为销售的技巧，做好以下步骤，距离用户付费、成交就不远了。**

（1）引起用户对我或我的产品、服务的关注；

（2）激起用户对我个人或我的具体产品、服务的兴趣；

（3）强化用户购买需求，或为用户创造购买需求，刺激用户购买欲望；

（4）努力让用户对我及我的产品、服务产生信任。

（二）万能成交公式：AITDA 模型

万物皆可方法论。前文提到的销售步骤，可以用在营销领域被运用了 100 多年的超级成交公式——**爱达公式（AIDA）的变体公式 AITDA 模型**来概括。

爱达公式（AIDA）是国际推销专家海英兹·姆·戈得曼总结的推销公式（见图 5-3），公式中的四个字母分别代表：

A：Attention，在最短的时间内，快速吸引用户注意力；

I：Interest，激发用户兴趣，让用户想继续了解我们的产品、服务；

D：Desire，刺激用户购买欲望，强化用户需求，并把用户需求转变为购买欲望；

A：Action，促进购买行动，做出付费购买产品、服务的决定。

图 5-3　爱达公式（AIDA）示意图

随着销售环境和销售场景的不断变化，爱达公式的内涵也在不断丰富演变。如今，加入 Trust（T）这个信任因素的 AITDA 模型已经成为各行各业销售精英的成交秘籍。无论我们从事的是什么行业，产品、服务是什么，只要记住 AITDA 模型，在销售中从 AITDA 模型中的五个因素（见图 5-4）来考虑宣传、销售技巧，就能让用户心甘情愿付费，实现成交。

吸引注意 ＋ 激发兴趣 ＋ 构建信任 ＋ 刺激欲望 ＋ 促进行动 ＝ 成交

图 5-4　AITDA 模型示意图

了解了 AITDA 模型，真实销售场景中如何借助该模型促进成交呢？接下来，我以一条销售本书的短视频脚本为例，给大家展示如何把 AITDA 模型应用到实际销售过程中（见表 5-1）。

表 5-1　AITDA 模型实际应用示例

AITDA 模型应用示例：销售本书的短视频文案脚本	
A：吸引注意	真希望每个不想上班的人，都可以看到我这段视频！不上班 8 年的我，居然为如何才能"只工作不上班"写了一本书
I：激发兴趣	如果你正在为失业、找不到工作，上班太卷、同事太烦、客户太难缠而发愁，每天上班如"上坟"，分分钟想辞职；如果你想摆脱一眼看到头的打工人生活，过上不上班也有钱的旷野人生，那么，今天的内容一定会对你有帮助
T：构建信任	分享成长逆袭故事：自己是如何从一个双非普本毕业的农村女孩，成为一个可以只工作不上班的一人公司创业者，并且成功签约出书的
D：激发欲望	从一腔孤勇辞职到今天不上班 8 年，独立工作这些年我取得过一些成绩，也走了很多弯路……我把这些全都写到了这本书里，此外大家关心的如何找到自己的赚钱天赋、如何开发自己的获利产品，怎么找客户、怎么让客户心甘情愿购买产品或服务，以及怎么可以多元化自己的收入等问题，在本书中也可以找到答案

续表

AITDA 模型应用示例：销售本书的短视频文案脚本	
A：促进行动	知道有的朋友一看书就头疼，所以我给大家准备了共读群，亲自给大家陪读，群里会答疑解惑。接下来的一周我每天晚上 20:00 会在某某平台直播，大家有任何工作、生活上的困惑，都可以来直播间和我聊一聊

通过这个应用示例，相信大家对 AITDA 模型有了更清楚的了解。在这个模型中，引起注意、激发兴趣是相对简单的步骤，难的是构建信任、刺激欲望和促进购买行动这三个步骤。

关于"如何构建用户信任"的问题，大家可以参考"麦肯锡信任公式"及构建个人信任背书的方法。除了此前分享的公式、方法，在此再给大家**分享两个在撰写销售文案以及和客户沟通过程中，能让用户快速对我们产生信任的沟通话术：**

（1）我曾经_____（困境/迷茫/失败/交流），但是_____（和产品/服务相关的内容），我可以_____（改变/逆袭/成功），你也可以；

（2）我知道_____（目标客户的问题/困惑），我的产品、服务里有答案。

至于如何激发用户购买欲望、如何促进购买行动，将在本章第二节、第三节中给出答案。

二、促进用户付费的动机因素

在销售过程中，我们时常产生这样的困惑：**明明客户已经主动询问多次了，但就是迟迟不下单。**

主动询问咨询，说明客户对我们的产品感兴趣，也有购买需求，但为何迟迟不肯下单呢？**原因可能有：**

第一，客户还未对我们建立信任；

第二，我们还未将客户需求、潜在需求转化为强烈的购买欲望；

第三，我们的产品、服务可能某些地方不符合用户期待；

第四，产品价格不符合用户心理价位。

让用户对我们产生信任，迭代优化产品的方法前面探讨过了，在此不再赘述；产品价格问题，不同的目标用户群体，有不同的定价策略，在此我们暂且不讨论。本节内容我们着重探讨如何通过洞察用户消费动机，把用户需求、潜在需求，转化为购买欲望。

（一）需求不是购买理由，欲望才是

在前面的章节中，我们反复强调：要有用户思维，根据用户需求开发设计产品、创作内容。销售转化环节，我们同样需要用用户思维去思考，不过要注意的是：**在销售转化环节，用户需求不是促成购买行动的理由，欲望才是。**为何这样说？需求和欲望有何不同？

关于需求和欲望的区别，我给大家举个简单的例子来说明：

今天下班，我好想吃碗米线。——我想怎么样，这是需求。

小丽说公司楼下那家烧肉米线很好吃，下班后我要去吃一碗。——我要怎么样，这是欲望。

==需求指向的是大致行动方向，但并未明确具体行动路线；而欲望有清晰、明确的行动目标和路线指引，也就是说，欲望是明确了行动路线的需求==（见图 5-5）。

图 5-5　需求和欲望的区别

再结合上一小节分享的，我在毫无购买计划的情况下，偶然被主播"种草"并下单了一件卫衣的故事，我们可以发现：外部诱因能激活、唤醒用户的内在购买需求，在内外因共同作用下把需求转变为购买欲望，欲望最终变成购买行动；有的外部诱因，可能会直接激发用户的购买欲望，进而直接促成购买行为的发生。比如，上述例子中"小丽说烧肉米线好吃"这个外部诱因，就直接让"我"产生了要吃烧肉米线的欲望（见图 5-6）。

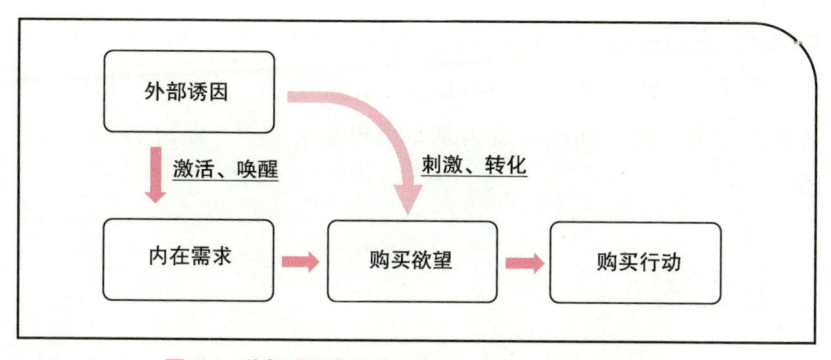

图 5-6　外部诱因激发购买欲望、促进购买行动示意图

既然合适的外部诱因能起到激活需求、刺激购买欲望的作用，那**在销售过程中，增加一些能刺激用户产生购买欲望的"外因"，将大幅提升用户购买的概率**。具体增加哪些诱因，可以结合消费心理学中"购买动机"的相关知识，更科学、合理地给目标客户抛"诱饵"。

（二）激励用户付费的七大动机

消费心理学上把用户购买动机分为求实、求安、求新、求美、求廉、求名、求便、偏爱几大类（见图5-7）。

图 5-7 常见用户消费动机示意图

这些动机中，用户的偏爱动机，即用户喜欢什么、不喜欢什么，我们难以左右，因此，在给用户增加刺激购买欲望的诱因时，我们暂不考虑这个动机。抛开这个动机后，我们一起看看在实际运用中，怎么把其他常见消费动机转变为刺激用户购买欲望、促进购买的外部诱因。

1. 求实动机

用户注重产品、服务的使用价值、实用价值，诸如实用、高效、耐用等关键词容易让用户产生消费欲望。因此，如果我们的产品、服务在实用性、高效性方面有优势，在销售过程中可以用给结果、量化数据、对比、举例的方式，去突出产品的实用价值。假设现在我们的产品是一门 AI 辅助写作的课程，那我们可以直接把 AI 写作为我们带来了多少收益、节约了多少时间等量化并展示出来，作为激发用户欲望的诱因。

2. 求安动机

求安动机，即人们渴望安全，追求安定、安稳、安心的购买动机。
　　在集体安全感匮乏的时代，用户求安的心理动机愈加明显，只要我们的产品、服务在使用功能、情感价值上能给用户带来某种程度的身安或心安，我们就可以在宣传、销售过程中向用户强调这种价值。比如，疗愈课程给用户提供心安的价值，职场规划咨询给用户提供成长安全感，等等。
　　此外，在销售过程中可以适当放大目标客户的不安，给客户营造适度紧张、不安的氛围，之后再根据用户的不安给出解决方案，从而有效激发用户的购买欲望。例如，一些知识付费产品的宣传文案经常会写：未来什么什么时代，什么样的人可能会第一批被淘汰。
　　要注意的是，使用这个办法要掌握度，千万不要把适当营造紧张氛围变成恐吓、惊吓用户，甚至直接对用户进行批评、挖苦。

3. 求新动机

求新，指的是用户追求以商品、服务的新颖、奇特、时尚为主导倾向的购买动机。 尤其是一些年轻用户，对新知识、新事物充满好奇，对一切新东西持有很高接受度。

基于这类用户"求新"的动机导向，如果我们提供的是实物产品，那么在视觉形象上可以增加一些时尚、新颖的元素，在宣发环节加入一些脑洞、趣味性的活动，比如肯德基的"疯狂星期四"这项优惠营销活动。

如果我们提供的是虚拟产品、服务，可以通过展示新知识、新观念、新生活，刺激用户欲望，假设我们的产品是"写作训练营"，那我们可以通过分享学员靠写作实现新生活的故事，刺激目标用户购买。

4. 求美动机

求美指的是用户注重产品本身的艺术价值和审美价值，或者期待产品、服务能为其带来美的享受。

爱美是人的天性，基于求美这个天性，把产品、宣发物料以及个人外在形象"打扮"得漂漂亮亮，能很大程度提升用户对我们的价值判断，继而影响用户购买倾向。比方说，当你想找美容院做一些变美项目时，你是会选择宣发物料做得大气时尚、朋友圈发得赏心悦目的店家，还是会选择每天批量发一堆低质、模糊的前后对比的店家？

除了视觉上给用户带来美的体验和感受，还可以通过为用户描述美好未来的方式，用未来结果激起当下欲望。比如，你可能会在某些场合看到我这本书的宣传文案：这是一本能让你解锁不上班生活的工具书。

5. 求廉动机

求廉动机指的是，客户很在意产品、服务的价格是否实惠、低廉，

他们希望用更少的钱买到更有价值的东西。当然，求廉动机不是说我们要给自己的产品、服务定低价，因为除了低价之外，折扣、优惠价、限时优惠价、买赠等能帮客户省钱的销售政策，也能起到刺激消费欲望的作用。这就解释了为什么平时网购总能看到醒目红色字体的优惠价和灰色字体的原价一起出现。

所以，当目标客户因为价格摇摆不定时，可以适时给客户一个限时优惠价，或者其他有价值的附赠产品和服务，让客户感觉到我们真的是在帮他们"省钱"。

6. 求名动机

求名动机指的是追求能显示或提升自己身份、地位、名望的名牌产品、高档服务。一人公司探索阶段，我们的产品、服务及个人品牌都还没有很高知名度，怎么用求名这个动机刺激用户消费欲望呢？分享两个简单的方法。

1）给对方一个高配身份

比如，在我以往的咨询工作中，经常会有客户疑惑：我花那么多钱，做份 PPT、上几节课，更新换代一下包装，真的值得吗？这时，如果苦口婆心地去劝说、教育客户，效果可能还比不上告诉他们：我知道你是一个有远见/有规划/有野心……的创业者/企业家，你对目前企业、品牌的发展是不满足的，只是……（沟通中对方面临的问题、痛点）。当局者迷，旁观者清。专业的事交给专业的人做，我们一起……

2）制造稀缺

通过限时、限量，限制购买、加入条件等方式，营造一种只有少部分人可以拥有这个产品、服务的稀缺感。

7. 求便动机

求便动机,即用户希望购买的商品、服务能给自己带来某些便利,或者在购买过程中追求省时、省力、方便的动机。 对于求便动机强烈、追求时间、效率、便捷的用户来说,节约时间、提升效率、简单高效等关键词,是刺激他们消费欲望的"导火索"。

因此,在销售过程中,我们可以突出产品、服务的高效、便利、简单、容易上手等卖点,同时尽量缩短销售过程中的沟通环节,提前准备好客户常见问题的答案,在沟通过程中尽量让客户做选择题,而不是填空题,告诉客户,针对你的情况我有方案A、B、C,让客户选择,帮用户节约时间、节省精力,做出购买决定。

三、给客户一个立马下单的理由

AITDA 成交模型中的最后一步是：促进购买行动。

注意，是**促进购买行动，而不是直接完成付费行为**！

所有买过东西的人都知道，当我们要为一些高客单价产品埋单，或我们要买的是一些看不着、摸不到的虚拟产品、服务时，即便是内心购买欲望再强烈，也很少会在第一时间直接付款。同理，**再厉害的销售也不可能一次沟通，就让所有客户付款、成交**。

所以，在销售过程中，切记，千万不要过度推销！

很多朋友可能都有这样的经历：明明前期沟通一直很顺畅，目标客户对我们的产品、服务、专业能力，都表现出了极高的认可度、满意度，但到付费环节，一切都前功尽弃了。其中的缘由，很可能是因为过度推销。

比如，有时我们去逛线下店，对一件东西一见钟情，自己看完价格后，已经做好把这件东西买下的准备了。但如果此时走过来一个销售，一直在耳边喋喋不休，我们反倒可能没有购买欲望了。客户询价后摇摆不定，迟迟不付费是很正常的事情，过度推销可能会适得其反，直接造成潜在客户流失。如何在不过度推销、不过分逼单的情况下，促进用户购买行动呢？我结合自己的经验，根据不同用户和销售场景，总结了三个方法（见图 5-8）。

```
                          ┌─ 1.制造稀缺
促进用户购买行动的方法 ────┼─ 2.反客为主
                          └─ 3.许给客户一个未来承诺
```

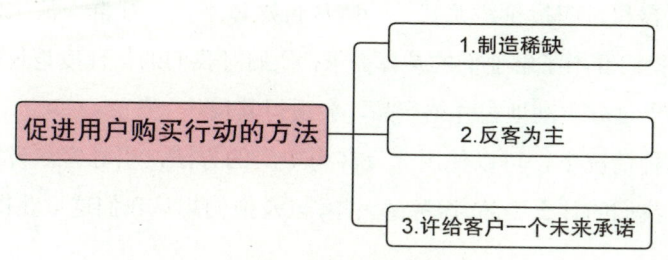

图 5-8　促进用户购买行动的三个方法

1. 制造稀缺：给客户一个马上下单的理由

实际销售中，经常会碰到这样一些情况，客户说"好的，我考虑一下，晚点找你。""明白了，明天付款！"然后，就没有下文了。

面对这种已经有强烈购买欲望的客户，我们可以使用一些定价和促单策略，给用户一个马上下单的理由。上一节提到，可以通过限时、限量，限制购买条件等方式，给用户制造稀缺感，激发用户的购买欲望，在促进购买行动环节，这个方法同样适用。比如，客户想购买我们的私教陪跑服务，但是因为价格还在犹豫，这时可以这样说：

为了保证交付效果，让大家真正学到东西、有所收获，我这边下半年只能安排 5 个陪跑名额了，您可以先付订金预留名额，之后如果您确定不需要私教陪跑，订金可以直接退还或者用来抵扣其他服务、产品。

2. 反客为主：你想要我为你做什么

古训有言："无事献殷勤，非奸即盗。"除了过度推销，人们还会对过度服务、过度热情的人保持警惕，觉得对方一定对自己有所图谋。

因此，在实际销售过程中，当有人表现出很想付费购买我们的产品、服务时，先不要急着介绍产品、服务，一股脑抛出自己所有的产品、服务内容和对应报价。尤其是一些从自媒体平台、社群引流来的潜在客户，我们并不了解他们的具体需求，他们对我们的信任度也还较低，这时如果过分主动地去介绍产品，会适得其反。

这种情况下，可以使用"反客为主"的方法，引导客户说出他究竟是对我们的什么产品、服务感兴趣，以及他们想从我们这里获得什么。

把销售的主动权掌握在自己手上，让客户主动说出"我想要你为我做什么"，而不是我们自己去推销"我能为你做什么"。

如果我们能为用户提供的产品、服务只有一种，那么我们可以在正式介绍产品、服务之前，告知客户：这个产品、服务只适合哪些人群，哪些人群不建议购买。这样我们就在销售中占据了主动权，客户的心理也会从"他／她想卖给我东西"变成"这个产品、服务我到底能不能买"。

3. 许给客户一个未来承诺

除了价格之外，目标客户犹豫的另一个重要原因是：看不到未来效果，害怕没效果、浪费钱。针对这种情况，可以帮客户算一笔现实账、一笔未来账。

1）现实账

当用户认为我们的产品、服务价格过高时，可以用减法或者除法帮用户算一笔账，在保持总价不变的同时，让用户感到产品价格便宜，或感到物超所值。比如，一个年度服务产品的价格是2988元，平均到每天的价格还不到一杯奶茶钱……

2）未来账

把这个产品、服务未来会给客户带来的价值、创造的收益、带来的改变展示出来，促进他们的购买行动。此外，我们还可以在自己的承受范围内，给予用户一定的风险承诺，告诉客户体验不满意可以部分或全部退款，打消客户的购买疑虑。但是，请注意在自己的能力和承受范围内给予用户承诺，承诺的事情一定要做到，做不到的事情不要乱承诺。

四、"卖爆"技能、知识类产品

在一人公司的实际运营中,很多个人创业者是靠出售自己的专业技能,提供咨询服务,开设训练营,做知识付费课程获利的。和能够进行批量化、标准化产出的实物商品不同,**技能、知识类产品往往是根据不同用户需求,个性化定制的专业服务和非标产品**。也就是说,在进行成果交付前,客户可能无法直观感受到我们的产品、服务价值,加之现在行业竞争激烈,消费者对知识类产品心理防线增高,使得技能和知识类产品销售转化难度加大。针对技能、知识类产品获利过程中的这些难点,我根据自己的实践经验,总结了两个让技能、知识类产品更易卖的方法。

(一)提供解决方案,而非卖单一产品

前段时间,一个老朋友想让我给他辛苦开发的"新媒体写作课"销售支支招。

我问他:"你觉得你的课程卖点是什么?"

他说:"知识点密集,内容'很干',很有诚意……"

他告诉我,这门课是他花了小半年时间精心打磨的,每一个知识点,每一个小技巧,他都反复思考,细细打磨,但是课程发售后销量惨不忍睹,他很苦恼,也很受挫。

其实,这样的苦恼不止我这位朋友有。不少做知识产品的创业者都有这样一个困惑:我的知识产品内容很"干",我的专业能力并不差,但为何客户就是不买账?

答案很简单,**很多人为"知识付费"并不是真的为了学知识、学技能,**

而是为了通过学习获得改变现状的方法，**拿到学习成果**。以上面提到的"新媒体写作课"为例，用户购买此类课程，通常出于六个目的（见图 5-9）。

图 5-9 用户购买"新媒体写作课"的常见目的

基于上述常见目的的考量，现实生活中愿意为"新媒体写作课"付费的人群如下：

（1）想通过新媒体写作获利、做副业，拓宽自己收入渠道的上班族、全职妈妈；

（2）想要通过自媒体平台打造个人 IP 的人；

（3）想提升自己职场能力，增加就业筹码的人。

也就是说，大多数人学习新媒体写作是为了增加收入，或者提升自己的职场竞争力。所以，我们卖课的侧重点，不是目标用户能从这门课中学到哪些写作方法，而是通过学习这门课，目标客户能解锁哪些副业机会，获得哪些实际的帮助、提升。

在 AI 工具能快速帮我们检索、整理出各行各业知识素材的时代，**"知识信息"本身并不珍贵，珍贵的是运用知识解决问题、拿到结果的能力**。因此，知识类产品的开发、销售都应该指向**可落地的解决方案，以及能够量化的后端结果**。即便是简单的"求职简历修改"这种初级形态的"知识产品",也应该是指向帮用户拿到更好的 offer,而不是让简历有话可写。

卖解决方案比卖产品更容易打动客户。在销售知识类产品的过程中,我们要**学会为客户描述方案愿景:**告诉他们,我们的方案能为他们解决哪些问题,拿到哪些结果,而不是一直强调产品知识点有多密集,服务有多专业、负责。

当然,给出描述方案愿景的前提是,清楚用户真实的困境以及当下面临的问题。

所以,在描述方案愿景前,我们要先引导客户说出他们的问题、困境。之后,再根据他们的问题、困境给出解决方案。怎么让用户相信,我们提供的解决方案是切实可行的呢?

答案是:用卖故事代替卖产品。

(二)卖故事比卖产品更容易

《你的顾客需要一个好故事》的作者唐纳德·米勒说,"故事能过滤掉含混信息,把噪声变成音乐,**介绍产品不如讲故事,卖产品不如卖故事**"。

本书前面的章节中,我们多次提到讲故事对于一人公司商业竞争力的重要性,并且分享了"我的愿景故事""我的英雄之旅""我和你一样"这些实用性很强的故事模型。

但在知识产品的销售过程中,如果只讲自己的故事,并不足以激发用户的购买欲望。讲述自己的辉煌往事和逆袭故事,确实能增进用户对我们的信任感,但当涉及购买、付费时,用户更关注的往往是和自身钱包、前途紧密相关的故事。**相比我们的"成功",用户更在意的是——你的产品、服务究竟能不能解决我的问题;有没有和我类似**

的人，通过你的产品、服务获得过帮助，得到改变。

基于客户的消费心理，在销售过程中我们要学会把客户当主角，讲述他们因"我"而变的故事。具体的讲述逻辑，可以参考唐纳德·米勒提出的 SB7 故事模型：

（1）一个主人公：我们的顾客；

（2）他/她遇到了一个自己解决不了的问题；

（3）主人公遇到了一个向导（"我"）；

（4）"我"为他/她提供了一套解决方案（产品、服务）；

（5）"我"召唤他/她采取行动；

（6）（"我"的产品、服务）帮助他/她避免了失败或走出了困境；

（7）最终他/她取得了成功。

具体怎么运用这个模型呢？下面给大家一个简单的应用参考：

我社群的很多成员和你一样，想在上班之余找点副业做，拓宽自己的收入渠道，但不知道做什么，把网上各种"网红"副业尝试了个遍，结果副业没做成，学费交了不少，有的人还险些落入"杀鸟盘"被诈骗。和我聊了之后，他们才知道每个人都有独一无二的赚钱天赋，找到自己的天赋、特长后，才能找到真正适合自己的第二职业。像这个小伙伴，原本想跟风去学插画，但评估完自己的天赋优势后，发现表达力强、脑洞大、天马行空是自己的优势，现在在某乎写短篇，每个月的收入是她上班工资的两倍。

除了用自己的嘴巴讲出"客户因我而改变"的故事，如果条件允许，还可以邀请老客户按"SB7 故事模型"讲出他们因"我"而变的故事，这样更能激发目标客户购买欲望。

五、把"羊毛"用户转化为付费用户

在第三章我们提到过，想要把免费用户转变成付费用户不是容易的事情，但在一人公司实际运营中，出于扩大客源的需要，不可避免地会用到诸如免费资料、低价产品的引流方式，这个过程中可能会吸引到一些付费意识不那么强的"羊毛"用户。对于这些"羊毛"用户，怎么激发他们的付费意愿，尽可能把他们变成付费用户呢？

首先，要明确的是，**把"羊毛"用户转变为付费用户，是存在一定周期的。**

因此，对于引流来的用户，不要一上来就表现出强烈的成交意图，一个劲儿问需求、卖产品、推优惠，这样只会让本就对你不信任的客户反感，彻底浇灭他们的付费意愿。**对于把"羊毛"用户转化为付费用户，我自己亲测有用的方法是三步价值培养法**（见图5-10）。

```
                  ┌── 第一步：让用户看见价值
                  │
  三步价值培养法 ──┼── 第二步：为用户提供价值
                  │
                  └── 第三步：重复曝光，传递价值
```

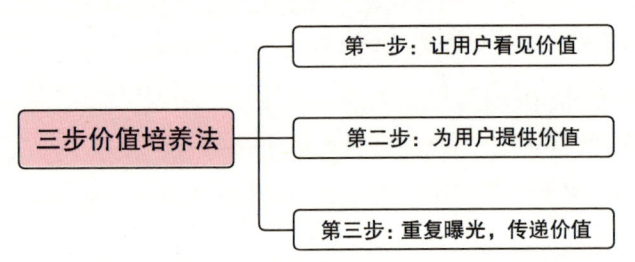

图5-10 把"羊毛"用户转化为付费用户的三步价值培养法

● **第一步，让用户看见价值。**

很多从其他渠道引流到微信的用户，在加上我们的好友后，可能会第一时间去翻看我们的朋友圈，通过朋友圈初步感知我们究竟是一个什么样的人。因此，打开朋友圈权限，不设置三天可见，以及日常打造、经营好自己的朋友圈是很有必要的，记不清如何打造朋友圈的朋友，可以回到第三章的"朋友圈运营：打造高吸引力朋友圈"这一小节查看。

当然，谁也不会无聊到去把一个陌生人的朋友圈从头到尾翻一遍。但只要用户打开了我们的朋友圈，我们就要尽量让用户在短时间内快速对我们产生好感、信任感。朋友圈日常内容太多，用户耐心有限，这时我们可以利用微信朋友圈【置顶】功能，挑选以下几种类型的内容在朋友圈【置顶】展示，让用户快速发现我们的价值。**可以在朋友圈【置顶】中展示的内容类型如下：**

（1）有关产品、服务介绍的内容；

（2）个人品牌故事；

（3）体现个人能力、专业的内容；

（4）客户反馈评价内容；

（5）自己的高光时刻、荣誉瞬间。

● **第二步，为用户提供价值。**

引流来的客户，如果表明了来意，那么我们可以先给他们提供1~2份干货资料，或免费解答几个问题。

分享干货、解答问题，目的是让客户有一定的获得感、价值感，同时，让他们感受到我们是有能力为他们解决问题的。因此，**这个过程需要把握"度"的问题——给得太满或者太少都不行。**给得太满，一下子帮客户把所有的问题都解决了，他们自然就不需要我们了；给得太少，客户收获不到任何有价值的信息，得不到任何有实际意义的帮助，自然不会对我们产生信任，更别提付费了。

除了干货价值、实用价值外，还可以给客户提供一些情绪价值。客户既然能被引流到我们的微信、社群中，就说明他们一定需要我们提供帮助。人在面对问题时，往往是焦虑、暴躁的，这时如果察觉到客户内心不安了，我们可以适当给客户一些认同和情绪抚慰，让对方感受到我们是真的了解他、为他着想，而不是一心只想赚他的钱。

比如，前段时间，我们团队接到的一个项目，从和客户见面到达成合作意向，只用了不到半小时，客户选择我们的一个重要理由是，他认为**我们了解他，知道他的困境和压力**。

● **第三步，重复曝光，传递价值。**

在向客户提供价值后，如果客户主动询问起我们的产品、服务，可以在此时引入产品、服务介绍。因为此时客户对我们的信任基础还比较薄弱，所以我们还需要进一步强化客户对我们的信任，因此在引入产品时，除了告诉客户我们的产品、服务能为他们解决什么问题、带来什么改变之外，还可以通过分享客户案例故事，进一步为客户传递产品、服务价值。

如果客户在领取、体验完福利产品后，没有主动咨询，也不必过于介怀，更不要主动推销，一直发产品、服务信息给对方，只要他们还在我们的朋友圈里、社群中，我们就可以通过重复曝光、持续分享的方式进一步影响他们，但如果步步紧逼，一直信息轰炸，得到的往往就是被拉黑、删除的结局。

客户和我们的关系，一般不是"一见钟情"，而是"日久生情"。 营销行业有一个通行的**"七次法则"**，说的是客户要在连续七次看到我们的品牌、产品信息后，才会对我们产生足够的信任，继而考虑购买行为。也就是说，**重复曝光、持续分享，不断传递自我价值，是激发引流客户付费意愿的关键**。

六、促进成交的六大心理学效应

销售其实是一场心理博弈战，掌握一些心理学效应，能帮我们促进成交，提高销售额单价。本节我们将一起了解，包括锚定效应、诱饵效应、羊群效应、损失厌恶、波纹效应、自己人效应，这些有利于促进成交的心理学效应（见图5-11）。

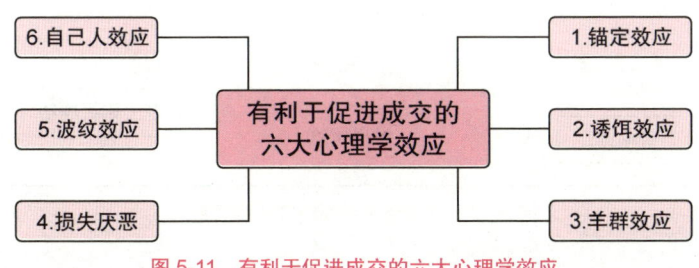

图 5-11 有利于促进成交的六大心理学效应

1. 锚定效应

在一些购物直播间，经常会看到主播手里举着一个商品原价牌子，经过一番产品卖点、销售机制讲解后，主播会再亮出一个与商品原价差异明显的直播优惠价，这时对这个产品有需求的观众会想：哇！好划算！等上链接我要买它！接下来主播继续抛出福利，表示今天直播间会有前所未有的机制，在优惠价的基础上，还有样品、小样等一系列产品赠送。这时，一些原本对该商品没需求的消费者，也会想：好划算！不买白不买，先买了囤着！

在上述销售场景中，主播使用的就是心理学上的"锚定效应"，也称"沉锚效应"。

锚定效应，指的是人们需要对某一事物进行定量评估时，会不自

觉地把先前接收到的特定数值作为起始值，这个起始值就像船锚一样制约着人们对该事物的估测值，继而对消费判断、决策产生影响。上述例子中，主播展示商品原价，其实就是为了给消费者抛出下一个价格锚定，之后，当消费者看到一个远低于原价的优惠价时，就会产生购买冲动（见图5-12）。

图 5-12　直播话术中的锚定效应示意图

2. 诱饵效应

诱饵效应，也叫作不对称优势效应，它指的是在两个区分不明显的选项中，加入第三个诱饵选项，就会让某个旧选项变得更加具有吸引力，进而对消费者决策产生影响。

在销售中使用诱饵效应，设置一个诱饵选项，能有效促进主推产品的销售，引导客户主动去购买我们想让他购买的产品。

比如，去电影院买爆米花，如果面前只有"小桶20，大桶30"两个选项，这时我们会难以抉择。但是，如果再加入一个"中桶26"的价格选项作为诱饵，这时大多数人会觉得大桶更有性价比，进而直接购买大桶（见图5-13）。

当我们想引导客户去购买某个产品时，可以增加一个和它价格差不多，但是性价比低很多的选项作为诱饵。如果想提升客单价或卖更高价的产品，可以引入一个高价诱饵，比如一些做知识付费产品的老师，写自己一对一咨询一小时的费用是 19 800 元，其实是为了拉高自己的价值感，让目标客户觉得他的其他课程产品物超所值。

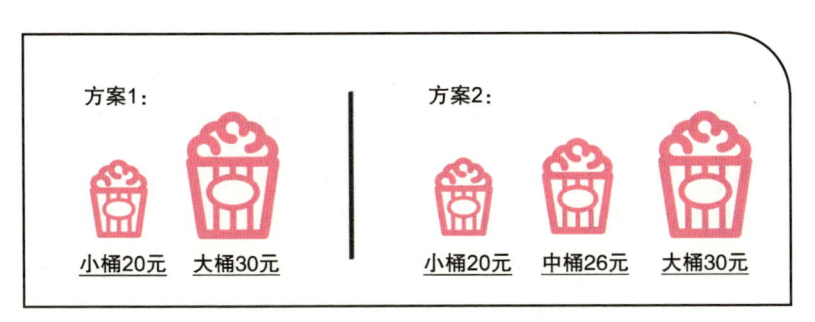

方案1：小桶20元　大桶30元

方案2：小桶20元　中桶26元　大桶30元

图 5-13　实际销售中的诱饵效应：以电影院爆米花价格设置为例

3. 羊群效应

羊群效应，也就是我们常说的从众效应，在群体中个体的行为会受到群体行为的影响，继而朝着和大多数人一致的方向变化。 例如，在一些旅游景区，有人排队的摊位生意会越来越好，很多人甚至还没弄清卖的是什么东西，就自觉站到了队伍后面。一人公司产品销售中，如何利用从众心理促进成交呢？

1）量化数据

比如，一些畅销书封面、详情页会写"全球累计销售 ×× 万册"；再如，某奶茶广告"一年累积卖出 3 亿杯，可绕地球一圈"……我们在做产品宣传和招募宣传的时候，也可以量化自己的销售数据、用户规模等，用高人气去影响目标客户。

2）会议发售、群发售

把目标客户聚集在同一场景中，通过邀请种子用户分享、反馈，或者展示成功案例、用户反馈等，进行会议发售、群发售，用群体的行为去影响个体。

4. 损失厌恶

假设你想购买一门朋友圈短文案写作的课程，专业能力、个人影响力相差无几的 A 老师、B 老师都推出了类似的产品，不过两位老师的课程价格设置、招募形式各不相同，比较 A、B 两位老师的课程价格和招募形式，看看你更倾向于向哪位老师付费。

A 老师：课程定价 399 元，招募信息强调知识类产品售出后不支持退费，请评估自己的需求，谨慎购买；

B 老师：课程定价 699 元，招募信息指出，课程可免费试听三天，不满意可返还后续学费；本期学习打卡超过 20 天，可获得 200 元奖学金和神秘礼物。

对比两位老师的课程定价和招募信息后，应该有不少朋友会选择 B 老师，因为相较于省钱，人们更害怕损失。**损失厌恶效应指出，人们在面对同等的收益和损失时，会认为损失更让人害怕和难受。**研究表明，同量的损失带来的负效用，是同量收益正效应的 2.5 倍，直白理解就是，你被扣 100 块工资的难过程度是你意外捡到 100 块钱高兴程度的 2.5 倍。

损失厌恶效应广泛出现在我们决策的方方面面，所以在营销过程中，如果我们能**主动为客户规避、分担一些风险，就能很大程度上打消客户下单时的顾虑**。比如，我们前面提到的承诺满足要求可以返还部分学费，电商平台的七天无理由退货，用的都是这个效应。

5. 波纹效应

波纹效应，简单理解就是：一石激起千层浪。就像一块石头被投入湖中，平静的湖面会泛起阵阵涟漪，这些涟漪一圈圈不断向外扩散。心理学中同样存在**个体的行为、态度对整个集体造成影响的现象**。

营销方面，这种现象通常表现为：**一个中心人物对产品的态度，可能会对周围人产生重要影响**。一些品牌、产品主动邀请明星代言、大V推荐，其实就是想通过明星、大V的影响力，产生更大的波澜，让自身的品牌影响力变得足够大。

基于波纹效应理论，如果我们想扩大产品的传播力、影响力，既可以寻找大V、KOL（关键意见领袖）做背书，大范围扩大波纹，也可以邀请亲朋好友、目标客户分享传播，激起一圈圈小波纹。

6. 自己人效应

第二章曾简单提到过这个效应，**人们更倾向于信任、接受那些和自己相似或有共同点的人**。美国总统林肯在1860年参加竞选演说时，通过分享自己平凡的出身、家庭情况，让选民认同和支持自己。他那句"我实在没什么可依靠的，唯一可依靠的只有你们"深深打动了美国民众，最终他在那次大选中当选美国总统。

实际销售中，成为目标客户的"自己人"，有利于让客户放下心理戒备，继而促进成交。如何成为目标客户的"自己人"呢？我根据自己的实践经验，总结了一个**快速成为目标客户"自己人"的公式：寻找共同点＋制造情感共鸣＝成为目标客户的"自己人"**（见图5-14）。

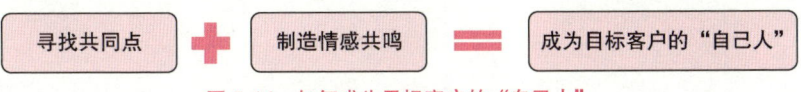

寻找共同点 ＋ 制造情感共鸣 ＝ 成为目标客户的"自己人"

图5-14 如何成为目标客户的"自己人"

寻找共同点，可以从地理位置、年龄、星座、求学经历、工作经历、兴趣爱好等着手。比如，在陌生城市偶然碰到一个老乡开的小店，你大概率会在这个小店买一些东西，表示对老乡的支持。**制造情感共鸣**，在和客户沟通的过程中不要一直推销自己的产品、输出自己的观点，要学会倾听客户的心声，捕捉客户的情绪，站在客户的角度给客户积极反馈。

第六章

突围破局：
跨越财富增长瓶颈

事物的发展总是曲折变化的，一人公司的发展自然也不会一帆风顺。在一人公司发展的不同阶段，我们会经历各种各样的困难，这些困难包括：找不到适合自己的获利产品；产品、服务无法完成商业转化；没渠道、没流量、没客户；个人影响力弱；产品、服务销售转化困难；等等。本书前几章已详细探讨了解决这些困难的方法。

除了上述困难外，在一人公司的实际运营中，我们可能还会面临收入增长变缓、停滞，财富增长困难；个人能力无法适应外部环境快速变化，应对挑战力不从心；没有团队、合作伙伴支持，时间、精力被琐事过度消耗；投入、支出成本不对等之类的困境。这些困境不仅会让一人公司发展陷入增长瓶颈，还会让创业者身心俱疲。那么如何打破这些困局呢？

本章我们将从财富卡点消除、个人能力进阶、团队组建、低成本公司运营方法几个方面，细致探讨如何跨越一人公司发展过程中的增长瓶颈，确保能用低投入、低运营成本，让一人公司持续盈利、增长。

一、打通财富卡点，突破收入瓶颈

在个人商业获利的过程中，很多朋友可能有过类似的困惑：明明自己的专业能力、产品、服务都不比别人差，也有一定的客户和渠道资源，但收入却和别人相差甚远。

其实，影响一人公司收入的不仅仅是客户、渠道、产品服务、个人能力等因素，还有我们对金钱的态度和关注点。**很多刚创业的人，尤其是内容型、技术型的创业者，会存在以下金钱卡点以及错误关注点：**

（1）不好意思谈钱，尤其是不好意思和熟人谈钱；

（2）不敢给自己的产品、服务定价；

（3）过分在意他人眼光、外界评价，"偶像包袱"过重，不敢直面内心需求、欲望。

如果我们不去主动打破这些金钱卡点，把商业获利的重心、关注点从他人看法回归到自身需求上，我们的财富收入将很难获得增长突破。所以，本节我们将用两小节的内容，讨论如何消除不敢谈钱、不敢定价的金钱卡点，以及如何丢掉阻碍我们赚钱的"偶像包袱"。

此外，针对个人商业获利过程中经常会面临的收入增长瓶颈问题，我提出了"一鱼多吃"让自己的时间更值钱，以及持续精进、成为有"溢价权"的专家共两个解决方案，详细内容接下来逐一展开。

（一）消除金钱卡点：大方谈钱，不伤感情

受"重义轻财""视金钱如粪土"等传统观念的影响，我们很难大大方方把"谈钱"这件事搬到台面上来说，因为谈钱庸俗、谈钱伤

感情。然而，在真实的商业世界中，大方谈钱并不会伤感情；不谈钱才是既伤感情，又伤钱包。**大方谈钱，是每个成年人应有的清醒和体面，接下来我们具体看看，如何才能打破自己内心的金钱卡点。**

1. 大方谈钱，并不伤感情

生活中，我们时常会听到几个好朋友、熟人合伙创业，最终因"钱"分崩离析的故事。每次听到这样的故事，都会有人感慨："朋友之间不能谈钱，谈钱伤感情。"

但就像我们前文说的，商业世界里大方谈钱不会伤感情，让原本亲密无间的伙伴分崩离析的并不是"谈钱"，而是开始的时候没谈明白钱。朋友、熟人合伙创业，常常会因为情感深厚、彼此信任，在创业初期不屑"谈钱"，中间因财务问题渐生嫌隙，又害怕"谈钱伤感情"，大家选择闭口不谈、默默承受；最终，矛盾累积，分崩离析，甚至老死不相往来。

《史记·货殖列传》有言，**"天下熙熙，皆为利来；天下攘攘，皆为利往"。**

金钱就像横在人与人之间的一条界线，双方关系进或退，往往在于金钱关系处理的方式。

前两年，一位做室内设计的朋友向我求助："好烦啊！一个同学的亲戚想找我帮忙设计新房装修效果图，量完房、见面沟通了好几次，对方一直畅想自己的新家，只字未提设计费的事情。我要不要主动提设计费？提了会不会让朋友为难？对方会不会觉得我势利？"

这个羞于谈钱的场景是不是很熟悉，如果大家是我这位朋友，会怎么做？

A. 不提设计费，继续迎合对方，看对方最后的态度

B. 让朋友做中间人帮忙传话，说设计费的事

C. 大方谈钱，按正常服务流程继续推进

D. 你想到的其他解决方案

不知道大家此刻选择的是何种方案，但我猜想一定会有朋友选择方案 B。因为我这位朋友开始也是想用方案 B 去解决问题的，然而我却并不建议他用此方案。为什么呢？

方案 B 表面看起来似乎是一个既能表达内心真实想法，又不伤害同学感情的办法。但仔细一想，这个方案其实是把"谈钱"的难题直接抛给了同学，让同学夹在中间左右为难，这对同学来说怎么不是一种伤害呢？

另外，身为设计师，他以后可能还会遇到很多类似的情况，今天碰到同学的亲戚，明天遇见亲戚的朋友，后天碰上七大姑八大姨的姐妹……如果每次遇到这种情况，都没办法抹开面子，直接大大方方地去谈钱，那他就会一直消耗自己的时间、精力，浪费自己的专业能力，让自己频繁陷入纠结内耗中。

后来，我建议朋友按照正常流程大方报价谈钱，但是在自己可以接受的范围内，以同学好友的名义给对方一个优惠价或赠送对方一些额外的附加服务。同时，在报价之前，把能给对方的优惠、附加服务同步给同学。

这个事情的后续：报价后对方因为预算问题，并未和我这位朋友签订服务合同。但我这位朋友给对方推荐了一个设计费在其预算范围内，设计能力也还不错的同行。同时，还给其分享了一些装修避坑的经验。新房装修完后，对方很满意。为了表达感谢，对方特意邀请我这位朋友参加其乔迁宴，后续还给他介绍了几个有设计需要的客户。

在商言商，尊重商业规则，对自己的产品、服务明码标价，开始就设置好自己的边界，亮明自己的底线，你付费我服务，价格合适就

继续推进，不合适就一拍两散、另觅他处，既不黏黏糊糊透支双方的时间与精力，也可以把那些揣着明白装糊涂，喜欢"暧昧""白嫖"、占便宜的人拒之门外。成年人的世界，大方谈钱真的不伤感情。

2. 敢于给自己定价

解决了羞于谈钱的卡点，我们来看看如何处理不敢定价、害怕定价的难题。

● **第一，要明白一个人的价值往往是由自己给自己的"定价"决定的。**

从前，我也是一个不敢给自己定价的人，大学毕业第一年，我到一家广告公司求职，面试完到谈薪阶段，老板询问我："预期工资是多少？"我支支吾吾半天说不出话，最后扭扭捏捏地回答："薪资方面没有太多设想，超过行业平均水平即可。"

老板回答："我可以给你超过行业平均薪资20%、40%，甚至更高的工资，但我希望你的专业能力也能呈现出与之对应的水准。"听完对方的话，我短暂地被震住了，但那时的我还不理解：很多时候个人的价值，是由自己给自己的"定价"决定的。

● **第二，敢给自己定高价，能反向促进自我价值提升。**

和从前的我一样，许多朋友对于给自己定价，尤其是定高价有心理障碍，总是担心：公开定价，会不会劝退潜在客户？

其实，就像再优秀的销售，也很难把一块物美价廉的高糖蛋糕卖给糖尿病患者一样，每个价格区间的产品都无法做到覆盖所有消费客群。不必为了吸引更多的客户而刻意降价，综合评估自己的能力、价值，敢于给自己定价，既是对自我能力、自我价值的肯定，也是反向自我提升的一种方式。

"现代营销学之父"菲利普·科特勒认为：**"先有价格，后有产品，产品是让价格变得合理的一种工具。"**例如，一个给自己每篇文案定价 500 元的写手，和一个给自己每篇文案定价 5000 元的撰稿人，所面对的客户群体和需要付出的努力肯定是不一样的。

在收入遭遇增长瓶颈时，我们可以通过给自己重新"定价"，倒推自己的定位和行动，思考自己需要付出哪些努力，做出哪些改变，才能让自己的能力配得上目标价格，并为之付出努力。

● **此外，敢于给自己定价，也是对自己时间、价值的一种保护。**

价格是传递价值的一个窗口，定价可以帮我们过滤客户，也可以帮我们吸引客户。如果我们不敢给自己定价，那么我们的时间、精力很容易被一些"白嫖党"占用，平添很多困扰。我们为自己的产品、服务、时间定价，其实无形中就完成了一次精准客户筛选，认同我们的价格并且愿意为此付费的客户，大概率是认同我们的能力和价值的，他们值得我们付出更多的时间与精力。**敢于给自己定价，守住自我能量，用"高价"倒逼自己成为一个更值钱的人。**

（二）阻止我们赚钱的是身上的"偶像包袱"

我曾和一个被大厂裁员，转行美甲行业，一年成功开了 5 家美甲店的朋友聊天。我问她，"让你快速走出失业沮丧，**跨界转型成功的秘诀是什么？**"她说，"可能是因为我没有偶像包袱，不在意别人的眼光吧。"

她告诉我，在她决定做美甲时，周遭几乎都是反对的声音。她的家人朋友一致认为，像她这样名牌大学毕业的高材生，即便是被裁员了、失业了，也应该在短暂休整后，重回"求职大军"，耐心等待下一份别人眼中还算不错的好工作，而不是去从事一份几乎没有门槛和技术壁垒的工作。但对于她来说，为客户量身定制、设计美甲是件能让她快乐，并且有成就感的事。每次帮客户设计完美甲，看到客人们发自内心的微笑，听到她们的轻声感谢，她都会有一种久违的幸福感。

听完她的话，我内心很受触动，回想前面提到的那段让我身心俱疲的开店旅程，我们之所以会在员工管理、日常琐事上消耗那么多能量，其实从某种程度上讲，也是因为我们的"偶像包袱"太重了。因为要维持自己为爱发电、文艺青年、佛系店主的人设，不愿自己的形象和冷酷、严肃等词沾边，我们在员工职责划定和行为准则方面一直没有过多要求，以至于在整个运营过程中，员工一直无法更好地发挥自己的主观能动性，而我们自己却频繁被放不下的"包袱"压得喘不过气。

1. 自查身上是否有"偶像包袱"

和从前的我一样，其实很多人身上都背着重重的"偶像包袱"，这些沉重的"包袱"不仅会阻碍我们前进的步伐，还可能会直接影响一人公司的获利能力。以下是我总结的**"偶像包袱"的四大典型特征**，大家可以对照自查一下，看看自己是否也背着沉重的"偶像包袱"。

（1）过于在意别人对自己的看法，为了维持自己的形象、口碑，时刻"端着"，生怕暴露自己的不足和不好的情绪状态。

（2）过度追求完美，总想着等一切准备好再开始行动，然后一招制胜、一鸣惊人。

（3）放不下自己过往的成绩和曾经的光环，抹不开面子、放不下身段，去做一些新尝试和改变，总是以"我不在乎""我很佛系"的态度掩盖内心真实欲望。

（4）坐井观天，故步自封，对别人取得的成就不以为意，弯不下腰，俯不下身，不以谦虚的姿态向外界学习、求助。

自查完后，大家会发现，其实每个人都或多或少背着些"偶像包袱"。这些"偶像包袱"就像一道无形的枷锁，束缚着我们的手脚，如果不能及时卸下这些"包袱"，我们就会一直负重前行，甚至直接被这些沉重的"包袱"拖垮。

2. 学会卸下沉重的"包袱"

如何才能卸掉身上沉重的"偶像包袱"，轻装上阵呢？

小米跨界造车的案例，或许会给我们一些启发。

2021年，小米宣布进军智能电动汽车行业之后，其内部核心团队就新业务展开了20多天的讨论，最后他们总结出**大公司做新项目的三大坑：认知错位、惯性思维、偶像包袱**。

小米创始人雷军在《小米创业思考》一书中提到，为了避免这三大坑，他一再和团队强调，在汽车业务中，小米是刚刚上路的新人，所以小米的目标不是一上来就要做一款颠覆性的车，而是先确保做出一款好车，再在此基础上考虑颠覆。

他还提到，在踏入新领域时，一定会面临诸多挑战。因此，小米必须坚持用创业团队的心态来应对挑战，杜绝盲目和傲慢，对新业务要始终保持警醒、谦逊、敬畏之心，全力追，才有可能取胜。官宣造车计划三年后，小米首款汽车正式推出，小米"造车梦"取得阶段性胜利。

在小米造车的故事中，有三个值得我们学习的卸下"偶像包袱"的方法（见图6-1）。

```
学会卸下"偶像包袱" ─┬─ 1. 不因为别人的看法而放弃
                  ├─ 2. 克服完美主义，凡事先完成再完美
                  └─ 3. 放下身段，对新事物保持敬畏之心
```

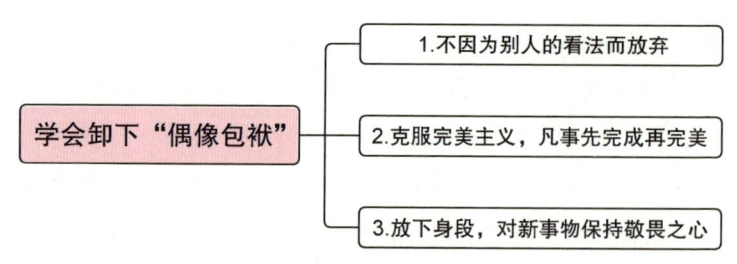

图 6-1　卸下"偶像包袱"的三个方法

1）不因为别人的看法而放弃

和曾经的我一样，很多人因为过于在意别人的评价和看法，而不敢做出改变和尝试。比如，很多朋友说想做自媒体，但害怕被朋友、同事看到而感到尴尬，因此迟迟不敢行动。但其实每个人的时间都很宝贵，别人根本没太多时间在意我们，就算他们真的看到了，那无非就是帮我们增加了一个阅读量、一个观看量，何乐而不为呢？

==如果因为害怕别人的看法而放弃迈出第一步，那我们会一直停留在原地，止步不前。==就像小米官宣造车后，外界有很多不看好的声音，但是它并没有因此而推迟或中断自己的计划。

2）克服完美主义，凡事先完成再完美

还有很多朋友，在面临转型或计划尝试新领域时，总想等到万事俱备再行动，但人生永远没有准备好的时候，克服完美主义最直接的方法就是直接行动，凡事都是先完成，再完美。只要开始行动了，转机就开始发生了，但如果不行动，那就永远只能原地踏步。

3）放下身段，对新事物保持敬畏之心

刘慈欣在《三体》中说："弱小和无知不是生存的障碍，傲慢才是。"

人往往会因为自己在某个领域取得过成绩，而无法放下曾经的光环，以至于当新事物出现或者突然面临变故时，还是无法放下姿态，无法以谦逊、敬畏的心态去迎接挑战，最后只能被时代所抛弃。

世间万物都有成长周期，个人成长也好，一人公司经营也罢，在

经过一定时间的增长之后就会陷入停滞期或低谷期，这时部分朋友会认为自己的能力达到天花板了。其实，**很多时候阻碍我们发展的并不是自己的能力，而是压在我们身上的"偶像包袱"。**

如果此刻你正处于发展瓶颈中，不妨先停下来，清一清自己身上沉重的"包袱"，再重新整装出发。

（三）一鱼多吃：让自己的时间更值钱

个人商业获利过程中，收入陷入增长瓶颈怎么办？

每个人每天可支配的时间都是恒定不变的 24 小时，**要想实现收入增长，我们可以：**

第一，通过提高自己的定价，或同一时间内重复多次售卖同一产品，实现单位时间价值提升；

第二，花钱购买别人的时间，让别人为我们赚钱；

第三，通过投资、理财或构建可复利的业务模式，增加"睡后收入"渠道（见图 6-2）。

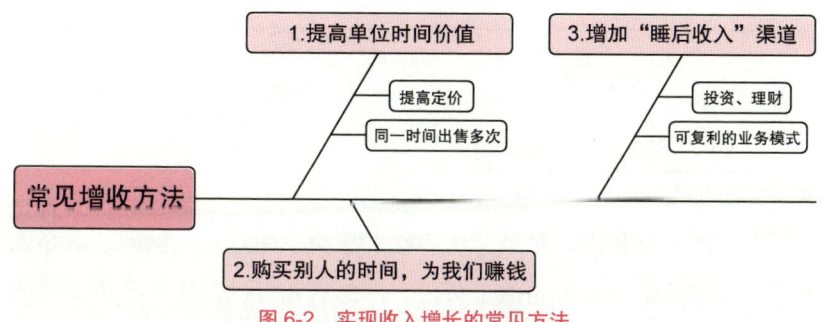

图 6-2 实现收入增长的常见方法

以上这些增收方法，除了提高定价、投资理财外，都能通过"一鱼多吃"的形式实现。

"一鱼多吃"这个概念，常常被用在知识产权作品（IP）的开发利用上，一个内容作品被开发成多种不同形态的产品、业务模式，重复多次开发、售卖，一个 IP 持续多次获利，多渠道、多方式实现收入最大化。例如，一部畅销小说，可能会被开发成电影、电视剧、广播剧、漫画、游戏等内容产品，这些内容产品中的人物 IP、取景地等，又进一步被开发成主题公园、周边衍生产品等，构成一个完整的 IP 开发产业链，实现多轮收入。

一人公司的经营过程中，我们也可以采用"一鱼多吃"的模式，让自己的时间更值钱，创造更多收入。==具体如何"一鱼多吃"呢？我总结了三个实用的方法==（见图 6-3）。

"一鱼多吃"
1. 对内容进行重复利用
2. 把客户变成"合伙人"
3. 发掘老用户的新需求

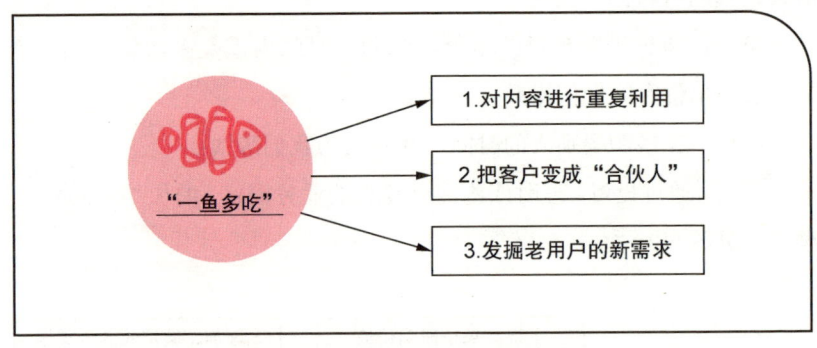

图 6-3　实现"一鱼多吃"的三个方法

1. 对内容进行重复利用

内容的重复利用，是"一鱼多吃"最简单的方式。例如，我今天写了一万字关于一人公司的干货内容，之后我可以把这些干货调整成两节商业思维训练的公开课课件，3～4 篇公众号文章，10 篇左右的短视频文案……除了内容形态上的"一鱼多吃"，我还可以利用多元化的传播渠道，把这些内容副产品分发到小红书、抖音、微博等自媒体平台，成为吸引精准客户的引流内容。

当然，并不是只有干货文章这种相对完整的内容作品，才可以被重复利用，所有经过我们大脑深度加工产出的内容，都是可以被重复利用的。比如，在成功帮客户处理了某个棘手的问题后，我们可以把处理这个问题的流程、方法记录下来，之后再有客户碰到类似的问题，就可以根据自己的经验总结，快速给出解决方案。

2. 把客户变成"合作人"

在第三章提到，客户开发是一个钓鱼、养鱼的过程，而在一人公司运营过程中，我们可以用"一鱼多吃"的思维，主动发掘不同客户身上的优势、闪光点，最大限度地开发客户潜能，把客户变成我们的合作伙伴、商业助手。

比如，很多付费社群会通过转介绍奖励、分享返佣的方式，把社群里的客户变成销售伙伴。这种把客户变成合作伙伴的方式，能让用户和运营人双双获利，用户通过转介绍、分享获得收益，运营人也因为客户的分享，拓宽了客户渠道、收入路径。

除了设置分享奖励机制外，我们还可以邀请那些在某方面有突出优势，或刚好和我们资源、优势互补的客户，成为自己的产品、业务合伙人，取长补短，合作开发产品、服务。

3. 发掘老客户的新需求

一人公司的老客户是创业者的良师益友。创业过程中，我们可以把老客户当作自己了解市场变化的渠道来源，以便及时对自己的产品、服务做出调整、优化。同时，在和老客户沟通的过程中，我们可能会发现一些**此前被忽略或未被发现的用户需求**。我们可以基于这些新发掘的客户需求，设计、开发符合客户期待的新产品、新服务，为一人公司探索新的增长点。由于很多老客户已经和我们构建了良好的信任关系，所以，针对老客户开发的新产品，销售转化通常会比一人公司起步阶段更容易。

例如，在给一些创业团队、企业提供品牌咨询服务的过程中，我发现很多品牌创始人、管理者都有打造个人IP的想法，但不知道具体怎么开展，于是我在公司业务里增加了创始人IP咨询这项服务，之后很快就获得了正向反馈。

总结来说，**"一鱼多吃"是一种重复开发利用的思维方式**，它可以帮我们在单位时间内创造更多收入，让我们的时间变得更加有价值。

（四）持续精进：成为专家才有"溢价权"

一人公司发展的前期，我们一直在思考：如何快速赚到钱，实现获利。这时，有的人追风尝试了电商带货，也有的人抓住了时代风口，还有的人靠倒卖各种风口行业的信息差实现了车房自由……

然而，风口会变，行业红利会消失，没有人会一直幸运，一直成为风口上那只幸运的"猪"。

纵观各行各业能持续赚到钱、拿到结果的，一定是在某个领域持续努力的长期主义者。所以，**如果我们想经营的是一家具有持续盈利能力，不会因为红利消失而倒闭的"公司"，那么，在探索发展的过程中，一定要尽快找到能给自己的一人公司带来持续复利的长期业务，选定这个业务之后，持续深耕，争取早日成为这个细分领域的"专家"**。

1. 为何要成为细分领域的专家

成为细分领域专家、行业高手，我们才能拥有更多的选择权、溢价权。

以平面设计为例，当大家在热议小米花费 200 万元，找国际著名设计师原研哉升级新 Logo 这件事究竟亏不亏的同时，某宝上的一个美工设计师，可能正因为 500 元的设计费，被客户各种找碴儿……

从一人公司运营的角度来说，我们要成为一个懂用户、懂市场、懂营销、会销售的"杂家"，这样才能在激烈的市场竞争中，找到客户、维持好客户关系。但是，从被客户选择、被市场的肯定角度来说，我们不能仅仅是一个"什么都会一点，但不够精"的杂家，客户选择我们一定是希望我们能切实为其解决问题的，只有在产品、服务上保持足够的专业水准，才能让客户对我们产生信任，促成交易。

因此，**一人公司创业者需要做到一专多长，既要是"什么都懂一点儿"的杂家，又要争取成为所处细分领域的"专家"。**当然，这里所指的"专家"，并不是说我们一定要做到行业顶尖，而是要在某方面具有突出的优势，是自己所处领域的专业小能手、高手。

2. 从新手到高手的进阶之路

前文提到，只有成为细分领域的专家、行业高手，我们才能拥有更多的选择权和溢价权。不过，我们也知道"为山九仞，非一日之功"，任何一个新手想成为高手，都必须经历漫长的试炼和经验积累。从新手到高手的进阶之路荆棘丛生、坎坷遍布，但只要找对练习方法、跟对师傅，就可以更快地通过新手区进入高手区，以下是能从新手区快速进阶到高手区的通关秘籍。

1）找到一个持续深耕的领域

在一人公司起步初期，我们可以多尝试、多探索，以便找到适合自己的商业模式，但经过一段时间的探索和商业获利测试之后，我们需要尽快找到一个能长期、稳定为我们创造价值、利益的产品、业务，去持续深耕，有意识拉长自己的长板，才能保持市场竞争。

如果一直在尝试新领域，没有精进自己的长板业务，那么我们会一直以新人的姿态在"了解新领域→进入新领域→开发新产品→测试新产品→开发新客户"的循环中打转（见图6-4）。

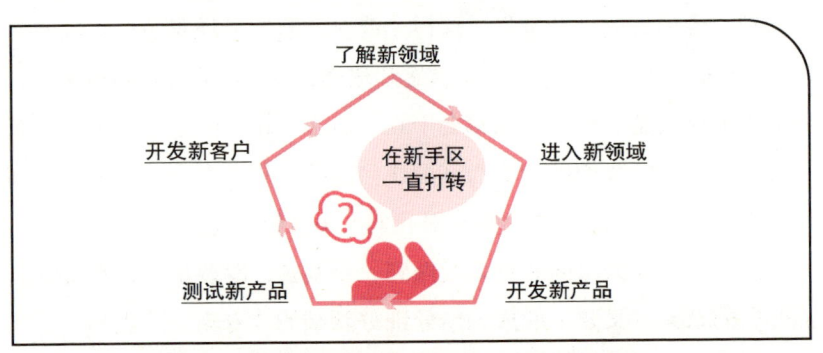

图 6-4　一直尝试新领域，一直在新手区打转示意图

比如，前面提到的我在自由职业者阶段，写了很多类型的稿件，这些稿件虽然为那段时间的我带来了持续的报酬，但是那个阶段的我，对自己产出的内容是没什么话语权、议价权的，在大多数合作里我都是那个被拿捏、被挑拣的对象。更糟糕的是，持续输出了很多内容，我依旧是一个籍籍无名的小写手。直到聚焦"个人成长""个人商业思维培养"垂直领域创作后，我才逐步收获了一些关注并出版了自己的书。

2）带着目的刻意练习

"一万小时定律"应该很多人都听说过，作家马尔科姆·格拉德威尔在其代表作《异类》中说："人们眼中的天才之所以卓越非凡，并非天资超人一等，而是付出了持续不断的努力。一万小时的锤炼是任何人从平凡变成超凡的必要条件。"

后来，有人把"一万小时定律"简单粗暴地总结为：要想成为某个领域的专家，需要经过一万小时的大量练习。

然而，这样的总结并不准确。格拉德威尔提出的"一万小时定律"，是源于心理学家埃里克森和其同事的一项心理学研究结论。在这项研究中，心理学家们找了三组柏林艺术大学音乐学院小提琴专业的学生进行对照研究，研究发现：学生练习时长越长，小提琴的演奏水平越高。同时，在这项研究中他们还发现：一万小时的练习时长，是成为一名卓越小提琴演奏者的临界值。

许多人只关注到"一万小时定律"中的 10 000 这个数字，忽略了得出这一定律的研究中，柏林艺术大学音乐学院、小提琴专业学生这两个关键信息。柏林音乐学院是世界顶尖的艺术院校，在世界音乐学院中一直名列前茅；同时，小提琴专业的学生说明，他们的练习是在老师的指导、监督下，带有目的性的练习。

也就是说，**"一万小时定律"的核心不是大量练习，而是专注于某个领域，带着目的刻意地练习，同时这种练习一般是在导师指导下进行的。**

3）寻找一个导师或榜样

一个音乐学院的学生，如果想成为一名专业的演奏家，需要大量刻意练习和一个好导师的监督、指导。同样，在持续精进自己的路上，我们也需要找一个能为自己提供指引和帮助的好导师，这样我们才能在老师的指导下进行有效练习，避免一些没必要走的弯路。

不过，**这里的"导师"，既可以是某个具体的人，也可以是我们想学习或成为的对象、榜样，还可以是一些被验证过的方法论以及经典的书籍、资料、纪录片等**。比如，如果我们想学习商业思维，可以找一个商业顾问或成功的创业者作为自己的老师，也可以把一些知名的企业家当作自己的榜样，去看他们的传记、访谈，学习、模仿他们的思维方式。此外，我们还可以去看一些商业书籍和财商纪录片，锻炼自己的思维方式。

万物皆可为师，重要的是我们要先出发，才能找到自己心中的"导师"。

总结一下，找到一个持续深耕的领域→寻找一个导师或榜样→跟着导师，带着目的刻意练习一万小时，是成为某个领域专业小能手、高手的必经之路（见图6-5）。

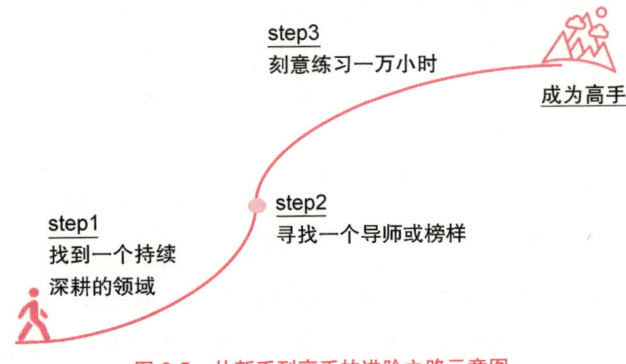

图6-5 从新手到高手的进阶之路示意图

二、独立工作者需要的四大进阶能力

在传统的公司经营中，一家公司要实现持续获利、有序运转，需要公司的几个核心业务部门通力配合。而极简创业模式下的一人公司，一个人就是一家公司，独立工作者需要一人身兼多职，承担起多个业务部门的工作职责，这就要求我们不断丰富、提升自己的能力。具体需要提升哪些能力呢？

我们可以**先把自己拆分为支撑公司运转的各个"部门"，再根据每个"部门"需要的能力，去补充、优化自身能力结构**。一般来说，一家公司主要由研发部、技术部、品牌部、销售部、运营部、行政部等部门构成，其中研发部负责公司新品研究、设计，技术部主导产品具体开发和实施方案，品牌部着力于加强品牌形象管理、品牌信用建设以及品牌整体营销策略制定，销售部主管客户开发、产品销售获利，运营部负责对公司运营全过程进行计划、执行和控制，行政部负责人力、财务管理、后勤保障等事宜（见图6-6）。

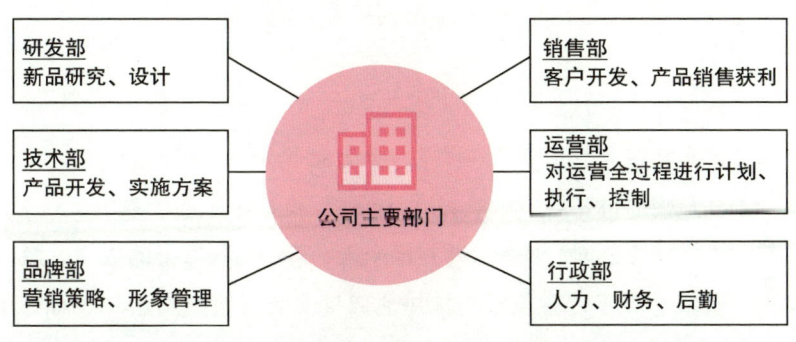

```
研发部                              销售部
新品研究、设计                      客户开发、产品销售获利

技术部              公司主要部门    运营部
产品开发、实施方案                  对运营全过程进行计划、
                                    执行、控制

品牌部                              行政部
营销策略、形象管理                  人力、财务、后勤
```

图 6-6　一般公司的主要部门架构图

从图6-6所示的一般公司主要部门架构及工作职责来看，**独立工作者既要有统筹公司整体发展的战略能力，又要具备洞察市场、发现**

225

商业机会、推进产品开发与设计、客户渠道开发、销售转化、品牌营销、日常运营管理的多元业务能力。

前几章的内容，已经就洞察市场、发现商业机会、产品开发设计、客户渠道开发、品牌 IP 打造、销售转化等支撑一人公司运转的核心能力，进行过深入分析。市场环境瞬息万变，独立工作者的能力结构也要不断进阶、迭代，为适应市场发展变化，维持一人公司的持续获利能力，本节我们将在前面分享的核心能力外，补充四种独立工作者需要的进阶能力（见图 6-7），具体内容会在下面详细展开。

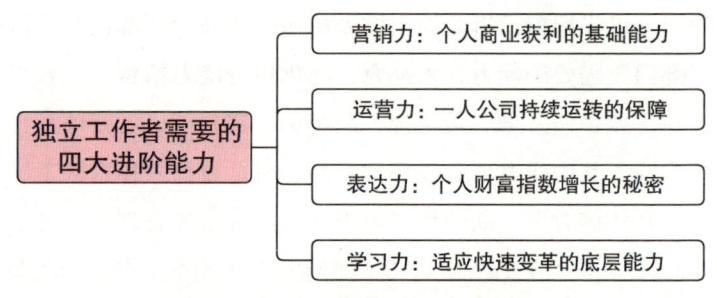

```
                    ┌── 营销力：个人商业获利的基础能力
                    │
独立工作者需要的 ───┼── 运营力：一人公司持续运转的保障
  四大进阶能力      │
                    ├── 表达力：个人财富指数增长的秘密
                    │
                    └── 学习力：适应快速变革的底层能力
```

图 6-7　独立工作者需要的四大进阶能力

（一）营销力：个人商业获利的基础能力

"他呀！专业能力一般，就是会营销。"
"他家味道普普通通，都是营销出来的。"

不知从何时开始，"营销"这个中性词，变成了很多场景中极具"贬损"意味的挖苦之词。似乎只要在某个人、某一品牌取得的成绩后面，加上"营销"二字，就能轻易抹掉他们身上的其他闪光点，继而对其做出"也就那样"的评判。在这种语境的熏陶下，很多人自然而然会对"营销"心生排斥，更别提主动去学习营销知识，提升自我营销能力了。

说来也可笑，身为营销行业从业人员的我，在年少不知深浅时，也曾一度傲慢地认为"自我营销"是件充满"功利主义"色彩的事情，笃信"花香蝶自来""酒香不怕巷子深""是金子总会发光"的金玉良言，只知道一味埋头苦干，全然忘记了自己身处一个信息泛滥、注意力稀缺，需要使尽浑身解数去自我推广，才有可能被看到的时代。

营销人不懂自我营销，不会学以致用，结果呢？

工作多年，出走仍是新人；创业初期，处处碰壁、无人问津……

我是在把自己投入市场，历经创业"生死局"考验后，才真正意识到，**营销力是直接关乎独立工作者生死存亡的基础能力**。提升营销力就等于提升一人公司的成长力，这一小节我们将从三个层面深入探讨如何提升自己的营销力。

1. 重视营销

提升营销力的第一步，是丢掉脑海中对营销的不客观、负面偏见。

营销不等于夸大事实、虚假宣传、没真本事。商业社会中的营销，指的是企业通过洞察、发掘用户需求，创造并交付符合市场期待和用户需求的产品、服务，并以此获得利润的过程。前面章节中重点探讨的产品开发、获客渠道、个人品牌打造、销售成交等内容，本质上都属于营销的范畴。

因此，我们不必对"营销"二字避之不及，如果无法意识到营销的重要性，那么一人公司商业运转会难以为继。当然，重视营销并不是说要虚假包装、哄抬价值、颠倒黑白，把顽石包装成宝石，把假酒硬说成佳酿。以事实为出发点，是一切营销活动的基本原则。

2. 主动创造

网上有句流行语："出来混什么最重要？""出来。"

同理，**提升营销力最重要的是什么？开始营销，开始创造。**

著名管理学家彼得·德鲁克有句经典名言："企业的宗旨有且只有一个适当的定义，那就是创造客户。"以用户需求为导向，尽快做出第一个能满足用户需求或者能为用户创造价值的最小可行性产品，之后开始主动告诉身边的人你的产品、服务，主动发朋友圈、主动运营自媒体，想尽一切办法把第一个产品卖给第一客户，再根据客户反馈一步步去调整、迭代产品，改进营销方式。**机会不会从天而降，与其待价藏珠，不如主动创造，主动是开启一切商业机会的密钥。**

3. 行动大于一切

有人总结过一个关于营销力的公式：营销力 = 产品力 + 渠道力 + 传播力。

细心的朋友可能发现了，这个公式刚好对应了本书第二、第三、第四章的内容，不过，以我自己从事营销咨询多年的经验来看，我认为这个公式中应该再加上销售力、执行力，尤其是执行力，直接关系到营销的成败（见图 6-8）。

营销力 = 执行力 + 产品力 + 渠道力 + 传播力 + 销售力

图 6-8　营销力公式

美国著名管理学家托马斯·彼得斯曾说："一个合格的战略，如果没有有效地执行，会导致整个战略的失败；有效地执行不仅可以保证一个适合的战略成功，还可以挽救一个不适合的战略，或者减少损失。"

这句话用大白话解释就是：**执行大于一切，执行力是需要贯穿营销始终的第一生产力。**

再好的点子执行不到位都是零，但如果执行到位了，三流的点子也会创造出一流的结果。

比如，很多人嘴上说着"我要做自媒体"，畅想了一堆做自媒体的方案，但就是不去创作、发布内容，几个月过去了，除了朋友圈留下的一条"我要开始做自媒体了"的豪言壮语，没有其他任何关于做自媒体的实际行动。

（二）运营力：一人公司持续运转的保障

互联网行业曾流传着这样一句话："产品不足，运营来补。"

"运营"这个词语大家都不陌生，企业运营、品牌运营、内容运营、渠道运营、直播运营、产品运营、新媒体运营……日常我们总能听到各种有关运营的说法。当人们提到运营时，指的可能是某一具体岗位，或者是在这一岗位上工作的人；也有可能是推动产品、服务，实现公司目标的系列活动……运营就像一个个筐一样，所有和企业、品牌、产品、服务运转相关的内容都可以往里装。身为一人公司创业者，我们既是公司整体运营官，又是某项具体运营工作的负责人，因此要在日常生活、工作中有意识地培养自己的运营能力，学会用运营思维去思考和解决问题。下面是成为运营高手必须掌握的四大思维（见图6-9）。

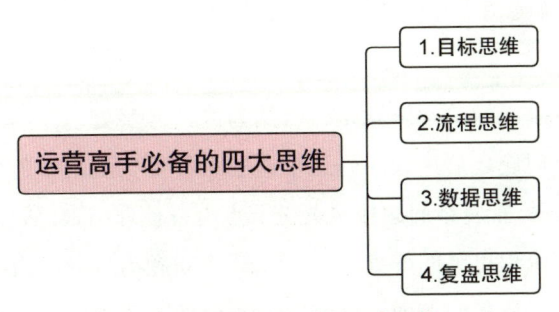

运营高手必备的四大思维
- 1.目标思维
- 2.流程思维
- 3.数据思维
- 4.复盘思维

图 6-9　运营高手必备的四大思维

1. 目标思维

正所谓，"方向不对，努力白费"。

目标是指导一切行动的总原则，如果没有目标，我们的工作、生活都会陷入混乱、无序的状态。

例如，公司发展如果没有愿景目标，那发展过程中就很容易被外部环境带偏，推出很多不具备竞争力的产品、服务；推进某项工作如果没有目标，要么无所事事地"摆烂"，要么毫无头绪地"瞎忙"；和客户沟通如果没有目标，聊着聊着话题就跑偏了，浪费一下午时间，什么正事都没办成；个人职业发展如果没有目标，那我们会在求职市场上盲目乱晃，今天想进大厂，明天想考研，后天想考编，大后天想辞职……

作为一人公司的掌舵人，我们要学会把"我想要什么"的目标思维，贯穿到一人公司发展的所有活动中，**在事情开始前定好以下目标：**

（1）**愿景目标：** 我希望通过经营一人公司过上什么样的生活？

（2）**客户目标：** 我希望谁成为我的客户？

（3）**产品目标：** 我的核心产品、服务是什么？

（4）**具体工作目标：** 推进这项工作先要达成什么目标？

2. 流程思维

流程思维，简单理解就是"以始为终，分步处理"的思维。当我们拿到一个问题之后，先明确这个问题最终要实现的整体目标，然后按照逻辑顺序，把复杂问题按照关键节点流程梳理出来，然后分步处理，逐一突破。流程思维的好处在于，以解决问题为导向，为我们找到了思考的方向，让我们在面对问题时，不会像无头苍蝇一样毫无头绪。

采用流程思维思考、解决问题的步骤如下：

（1）明确目标、结果；

（2）拆分步骤、流程；

（3）明确每步要做的事和注意事项。

以开发一门知识付费课程为例，我们可以把开发课程这个目标拆分为"选题定位→市场调研→课程设计→内容制作"这几个关键流程（见图6-10），之后我们从选题定位开始，一步步去完成各个环节需要完成的工作。对于"课程设计"这种比较复杂的环节，可以继续用流程思维拆解为"课程大纲→内容结构→章节内容→主要案例"几个小步骤，总之就像解数学题一样，步步分解，逐步突破。

选题定位 → 市场调研 → 课程设计 → 内容制作

图6-10　知识付费课程开发目标拆分流程示意图

3. 数据思维

数据思维，是一种一切以数据说话，用客观支撑主观的思考方式。当涉及设计、开发一人公司产品及预测销量等比较严谨的问题时，我们可以通过收集、整理、分析数据的形式，来辅助判断这个产品、服务究竟有没有市场前景，用客观数据和事实说话，而不是用"我认为""我觉得"的主观预设去推想。此外，涉及内容选题、电商产品选品等工作时，我们可以借助飞瓜数据、灰豚数据、蝉妈妈等短视频数据分析平台，了解各大平台的实时热点、趋势潮流，以便抓住更多作品、产品出圈的机会。

当然，数据也不是绝对客观、理性的，因为现实中有太多不确定变量，因此，**数据只是我们辅助决策的一个工具，而非绝对准则。**培养数据思维，不是要求我们唯数据论，而是养成一种主客观相结合、有的放矢的思考方式。

4. 复盘思维

复盘这个词语，大家都不陌生，朋友圈几乎每天都有人在分享自己的复盘日记、复盘思维导图。复盘似乎成为我们工作、学习中很必要的一个环节，不过据我观察，很多朋友并没有把"复盘思维"的效用发挥到极致，他们只是把复盘简单理解为一个总结和画思维导图的程序式过程。

复盘，原本是一个围棋术语，说的是棋手在对局完毕之后，会把对弈的过程复演一遍，以便了解双方攻守的优劣和得失关键，为日后的对弈找到突破口。

一次完整的复盘包括反观棋局、反思得失、反省总结、推演练习四个环节（见图 6-11）。

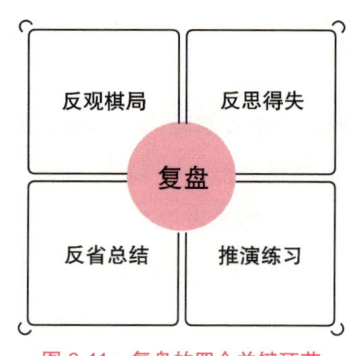

图 6-11 复盘的四个关键环节

也就是说，**复盘不是简单地重复、总结，更不是画一张漂亮的思维导图。**

复盘思维的核心要点是：通过反思分析，总结出值得肯定和需要改进、完善、停止的工作，并且从做得好的地方，总结出日后可用的规律与心得；从做得不好的地方，提取经验教训，推演出能够改进、提升的方法，避免日后遇到同样的问题再犯错误。

在一人公司运营中，掌握复盘思维，能帮助创业者把过往的经历统统转变为能力，避免在同一个地方重复踩坑、摔跤。

运营力是一项综合能力，涉及一人公司发展内外部方方面面的问题，以上是几个能有效帮我们提升运营能力的思维方式，但是整体运营力的提升，还需要我们在工作中不断摸索、总结。

（三）表达力：个人财富指数增长的秘密

网上经常有人说：会表达的人，一开口就赢了。

确实，这是一个很多资源、机会都会向有表达能力的人倾斜的时代。

十年前，那些善于文字表达的人，通过微信公众号掘金，抓住了属于公众号时代的表达者红利；短视频时代，一批又一批敢于公开表达自己的人，在不同的自媒体平台上表达自我，收获了属于自己的财富增长机会；日常工作、生活中，那些善于表达的人，似乎总能轻而易举得到别人的支持、肯定，而不会表达的人，再怎么兢兢业业、辛苦付出，也始终是团队中可有可无的"透明人"。

比如，同样是做某项技能培训的老师，表达力强的老师通过朋友圈、自媒体、出书、讲课等多个渠道表达自己，其课程同时有成千上万个学员付费学习；而不擅长表达的人，即便课程内容设计得再科学、再有料，学员数量始终突破不了十位数，每天辛勤备课，始终只能守着自己的一亩三分地。

上述种种现象说明，**在这个信息过载、注意力稀缺的时代，表达力强的人往往比别人更容易获得影响力、财富和机会。** 既然表达力如此重要，那么如何提升自己的表达力呢？

1. 表达最重要的是"表达"

想要提升表达力，首先是要表达出来。

现实生活中，很多朋友会因为觉得自己表达能力不强而惧怕表达，总是在一些需要表达的场合把自己藏起来，也不敢通过表达去宣传自己，让更多的人认识自己。

其实，表达力是可以通过刻意练习提升的，自己对镜演讲、自己对着摄像头拍视频，都是简单有效的提升口头表达能力的方法。更何况，表达的形式不仅只有口头表达一种，还有文字、肢体语言等。不管用哪种方式表达，最重要的是把想传递的信息尽可能地表达出去，让别人接收到我们的信息。

例如，之前我有一个做茶叶的客户，一直想通过电商直播转型，但她觉得自己普通话不标准、乡音太重，而且笨口拙舌的，不会说漂亮话，所以迟迟不敢迈出第一步。但是在我看来，她自以为的这些表达弱势，恰恰是她可利用的表达优势。普通话不标准、乡音浓重，恰恰可以在直播中体现茶叶的产区优势；口才不好，不会说漂亮话，正好适合她淳朴、真诚的形象。之后，她在我的鼓励下开始尝试开播，直播间的数据也慢慢有了起色。

2. "秒赞"表达力模型

个人整体表达力的提升，需要日常保持大量练习。但在一人公司运营过程中，学会一些表达技巧，能让我们在重要商业沟通中说话有理有据、条理清晰，也能让我们在和客户、合作伙伴日常交流的过程中表达更加出彩。接下来，分享**两个能让我们在和别人沟通时，表达力立竿见影得到提升的表达力模型。**

1）FFC 赞美法则：快速拉近好感

心理学家威廉·詹姆斯说："人类本性中最深刻的渴望是被赞美和尊重。"

在与客户、合作伙伴沟通的过程中，真诚地肯定、赞美对方，对于拉近彼此的距离很有帮助。但夸奖、赞美别人是门技术活，夸赞别人的话如果说不到点子上，对促进人际关系并没有太多意义；有时说的话不恰当，可能还会适得其反，让对方觉得我们虚伪、不真诚，甚至产生"马屁拍到了驴蹄子上"的副作用。

比如，你想夸赞客户说的话有深度，如果说的是"您刚刚说得太棒了！"对方只是会觉得你在客套，属于不会拉近人际关系的无效夸人。如何才能夸人夸到点子上，有效夸人呢？

可以运用 FFC 赞美原则（见图 6-12）**，从感受、事实、比较三个维度对对方进行言之有物的赞美。**

F：Feelings，**感受**——用细腻的语言描述对方带给我们的感受。

F：Facts，**事实**——通过陈述事实以及展示细节的方式，让对方相信我们的感受。

C：Compare，**比较**——适当进行比较，突出对方的优势、特点。

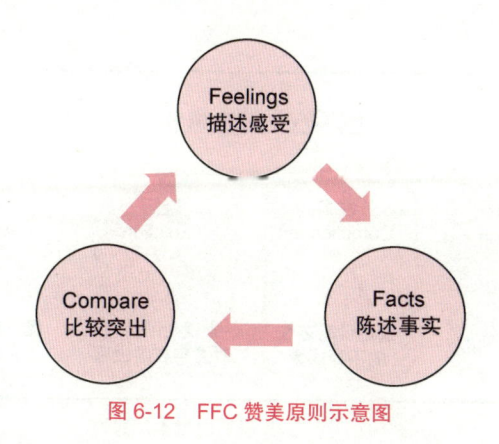

图 6-12　FFC 赞美原则示意图

前面列举的夸客户说的话有深度,用 FFC 赞美原则可以调整为:

F(感受):你刚刚说的话让我深受启发。

F(事实):你提到的企业要把客户当恋人,以长期发展为目标,时刻关注对方的需求和情绪,对于企业产品、服务优化迭代真的很有帮助。

C(比较):有些企业把客户当上帝,或者把客户当"冤大头",客户关系总是不长久。

2) SCQA 表达力模型:表达更有逻辑

SCQA 表达力模型是麦肯锡的咨询顾问芭芭拉·明托在《金字塔原理》一书中总结的结构化表达工具(见图 6-13),模型中的四个字母分别代表以下含义:

S:Situation,情景——描述大家熟悉的事实、现状,让大家产生代入感和共鸣。

C:Complication,冲突——描述在事实背景下可能存在的不利因素,引起人们的重视。

Q:Question,疑问——面对不利因素表现出来的问题,或者提出对方存在的困惑。

A:Answer,回答——提出我们能提供的可行性解决方案,或者告知对方答案、真相。

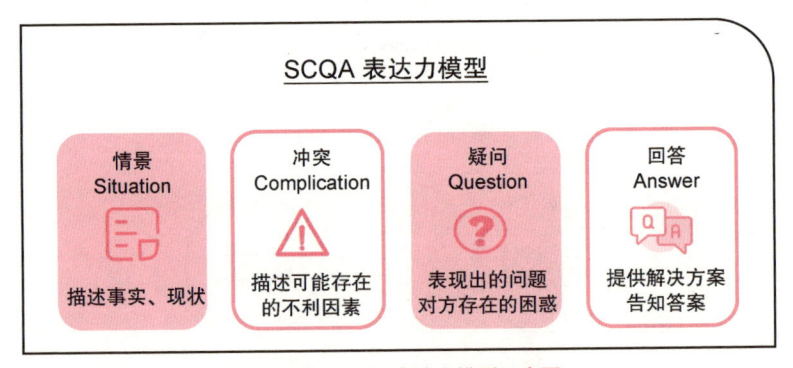

图 6-13 SCQA 表达力模型示意图

第六章
突围破局：跨越财富增长瓶颈

SCQA 表达力模型可以被广泛运用于销售产品、即兴演讲、讨论方案等场景中，使用这个模型表达不仅会让我们的表达更加有条理、有逻辑，还能一直牵动听众和谈话者的情绪，自然而然把对方带入我们的表述内容中，更有利于引起对方的情感共鸣和好感。

例如，小米创始人雷军在 2021 年小米年度演讲中就运用了 SCQA 模型进行演讲。

S（情景）：最近一年，小米稳步增长，正是一派欣欣向荣的景象。

C（冲突）：谁也没有想到，今年年初就遭遇飞来横祸。1 月 15 日早晨，美国国防部把我们列入了 DoD 清单①。开盘后，小米股价应声大跌，跌幅超过了 30%。之后，依然狂跌不已，小米市值跌掉了 3000 亿港币。

Q（疑问）：眼前只有两条路：要么认了，要么起诉美国政府。一家中国公司起诉美国政府，其实胜算不大，该怎么办？

A（回答）：最后我们还是做了一个艰难的选择：直接起诉美国政府，用最堂堂正正的方式来捍卫我们的合法权益！最终，我们赢了！

在实际运用中，我们无须严格遵守"情景—冲突—疑问—回答"程序模式表达，可以**根据实际需要变化要素顺序，常见的用法变式**如下：

a. 开门见山（ASCQ）：回答—背景—冲突—问题。

先给出答案，之后再介绍背景、冲突，最后进行提问，这种表达形式一般可以用在汇报工作、制订工作计划等场景中。比如，我们在和客户沟通阶段性工作计划时，可以先开门见山说出之后的整体工作计划，再去展开说工作背景、面临的冲突，最后把问题抛回给客户，问客户这样的安排是否可行。

b. 突出信心（QSCA）：问题—背景—冲突—方案。

先提出问题，之后再分别指出背景、冲突和方案，这种表达形式

---

① DoD 清单，指美国国防部认定的"中国军方拥有或控制的中国企业清单"。

可以用在介绍产品、分享用户故事上，比如马斯克在介绍"火星移民计划"时，他是这样开场的："今天全人类面临的最大威胁是什么？"在提问之后，他分别介绍了人类现在的生存背景、面临的挑战与威胁，最后提出了"火星移民计划"。

（四）学习力：适应快速变革的底层能力

如果你的行业突遭变革，甚至直接消失，你的职业被人工智能完全取代，你会怎么办？

从前，这或许只是存在于科幻想象中的场景，但如今这些场景正在一步步逼近现实。时代激荡，未来会是什么样的，我们谁也不清楚。

如何应对未知？如何不在快速变革中，被时代所抛下？这是每个人当下需直面的问题，而解决这些问题的办法说到底只有两个字：学习。

是的，学习。学习应对未知风险的能力，学习适应变革的新技能，学习在变革中让自己保有竞争力，学习不被时代所抛弃……可以说，**身处这个不确定的时代，学习力是当下为数不多能帮我们抵抗未知风险、适应快速变革的底层能力，尤其是对独立工作者来说，学习力既是市场竞争力，也是商业获利力。**

学习力是应对未知和变革的底层能力。然而，当下大多数人处于时间、精力被过度挤压的困境中，如何在有限的时间、精力下，更科学、高效地学习呢？下面分享**两个能快速提升学习力的高效学习法**。

1. 功利性学习，并不可耻

学生时代，我们总被教育：学习不要太功利，功利性学习会让学习效果变得很糟糕。但是**进入社会后，带有目的的功利性学习，恰恰**

是能帮我们实现自我增长，拉开人和人之间差距的低成本成长法则。

什么是功利性学习？王世民、缪志聪在《学习力：颠覆职场学习的高效方法》中，把功利性学习总结为：从工作的实际需要出发，学习后立马应用的学习。

在我看来，一切以解决问题、实际应用为导向的学习都可以被称为功利性学习。

都说要学以致用、学为己用，但在我们的成长环境中，学习和应用很多时候是脱节的。许多知识学完之后，我们根本不知道如何去应用，或者到了应用时才发现自己根本没学会这个东西，之前的学习全部是停留在表面的浅层学习，学习的积极性也因此大受打击，久而久之，我们自然就放弃主动学习的想法了。

放弃学习，就意味着放弃成长。如果没有目标的主动学习阻力太大，不妨试试"以解决问题、实际应用为导向"的功利性学习，因为学习是为了解决实际问题的，所以我们会更积极深入地去了解知识、掌握方法，直到成功找到问题的解决方案。

比如，正在看这本书的朋友，应该很多人是带着"如何开启不上班生活，实现工作自由"这个目的来阅读的，所以即便是这本书中有许多枯燥乏味、不完善的地方，大家也愿意继续阅读。

为了能够学为己用，我们可以在每次学习开始前，先确定一个需要解决的问题，然后带着这个问题去选择学习素材，进行深入学习，学完之后立马去实际应用，用实践检验自己的学习成果，查缺补漏，直到问题被成功解决。

2. 成为蜜蜂型学习者

功利性学习，一定程度上帮我们解决了学不能致用的问题，但如果只是以解决某个具体问题为导向而学习，没有搭建系统的知识框架，我们在特定情景中学到的知识、技能，可能无法被快速迁移、运用到新情景中。

比如，我刚入行做品牌策划时，每次遇到没接触过的方案类型，都会去主动学习、找资料把方案写出来，但是下次再碰到同类型的方案，我还是无法很顺畅地把方案写出来。一直到我一口气看完《营销管理》《定位》《影响力》等营销人必看的经典书籍后，我才慢慢对品牌营销有了基础的框架概念，在面对不同项目方案时，也渐渐有了头绪。

怎么快速搭建自己的知识框架呢？答案是：成为一个有框架意识的蜜蜂型学习者。

蜜蜂在筑巢之前，会先用蜂蜡搭好一个蜂巢的基础框架，之后它们开始努力采蜜、消化、分泌蜜蜡，再不断用蜜蜡建造、完善内部的巢室和蜂房，以便储存更多的蜂蜜。

当蜂巢里的蜜满了之后，它们会按之前的步骤，继续用蜜蜡搭建好蜂巢，努力采蜜、酿蜜，建造、扩大蜂巢。随着蜂群数量的不断增多，原本的蜂群自然分化出一个新蜂群，新蜂群用同样的方法，继续去建筑新的蜂巢，继续采蜜、酿蜜、筑巢，如此循环反复。

学习和蜜蜂筑巢是一个道理，当我们进入一个新领域，或准备学习某项新技能时，要做的第一件事不是酿蜜、出成果，而是要先确定自己的学习目标，搭建好整体框架，之后再慢慢往框架里填充内容，吸收内化后输出成果，并持续优化、扩容，直到形成一套完整的知识框架体系，拥有举一反三的知识迁移能力。

三、不轻易扩大一人公司的规模

一人公司到底要不要招人、扩大规模？什么时候开始招人？怎么招人？

这些是很多一人公司创业者在运营一人公司的过程中一直纠结的问题。在我看来，这些问题既没有标准答案，也没有行动范本，大家创建一人公司的初心各不相同，一人公司的产品形态、增长点也大相径庭。因此，**一人公司是否需要组建团队，是否要扩大规模，不能一概而论**，而是需要创业者综合考评自己创建一人公司的初心、经营现状、获利模式、盈利增长点后，根据自身实际情况作出决定。

（一）守住创建一人公司的初心

首先，我们可以回顾一下自己创办一人公司的初心究竟是什么。

下面是大多数人创建一人公司的初心总结，大家可以根据自身情况选择答案。

A. 通过一人公司这种极简创业模式，开启不上班、工作自由的自主生活。

B. 以一人公司为起点，逐渐向有影响力的大企业过渡，成为有影响地位的企业家。

如果选择的是答案 B，那么请各位一人公司 CEO 按照自己公司的发展现状和市场情况，一步步有节奏地朝自己的目标推进，但注意在扩张过程中，留意公司的成本和支出，控制好成本、支出平衡，不要过度透支经营，也不要操之过急，迈步过大。

如果选择的是答案 A，那么我们要做的是保持初心，不被传统企业经营观念以及外界各种声音和评价所影响，坚定地维持一人公司小而美的发展规模。

受企业传统经营观念的影响，很多创业者错误地认为只有扩大规模，让更多人加入，让更多员工去帮公司赚钱，公司才能持续增长、盈利。但事实上，**在当前的商业环境下，一人公司盲目招兵买马、扩大规模，很可能会适得其反，让原本盈利的一人公司陷入亏损，甚至倒闭。**

就拿品牌设计行业来说，这些年我见证过太多同行，原本运营独立工作室时，业务做得风生水起，结果在搬进写字楼、扩大团队规模后，一身负债、满脸憔悴，每个月进账还不够给员工发工资、给房东交房租。

对于一人公司的发展，我十分认同保罗·贾维斯在《一人企业：一个人也能赚钱的商业模式》一书中提出的观点："**对一人企业来说，要回答的问题永远是'我要怎么样才能让我的企业变得更好'，而不是'我要怎么做才能让我的企业壮大'。**"

我还见过一些创业者，他们雇佣员工、扩大经营规模的目的，不是追求公司增长、盈利，而是希望搞出点动静，向别人证明自己的"公司"经营得还不赖。在我看来，这是一种很愚蠢的做法。**如果创建一人公司的初心是为了追求更自主、更灵活的工作状态，那为何要让别人的认可来"绑架"我们的行为、决定呢？**

总结而言，如果我们创建一人公司的初心是通过极简创业，过上不上班、自主、多元的人生，那我们经营一人公司的目标不是持续扩张、打败竞争对手，而是以实现一人公司持续盈利为目的，保持小而美的发展规模，为客户提供更好、更优质的产品、服务，用更小的经营成本取得更多的收益报酬。

（二）综合评估扩大团队

当然，不追求扩张，保持小规模运营，并不是说一人公司完全不需要雇佣员工、扩充团队。从公司运营的角度来说，不同的业务类型、商业模式，需要匹配的人力资源，以及与之相对应的解决方案是截然不同的。**创业者可以在对一人公司的运营现状、获利模式、业务类型、增长点几个方面进行综合评估后，判断自己的公司是否需要雇佣员工、扩充团队。**

以表 6-1、表 6-2 中 A、B 两个发展现状、主营业务、增长点都不相同的一人公司为例，我们一起看一看，哪种情况下一人公司创业者需要考虑招兵买马，扩充团队。

表 6-1　一人公司 A 运营情况表

一人公司 A 运营现状	
获利产品	付费社群、训练营、录播课程等知识付费产品
主要客户渠道	自媒体短视频、直播
增长点	出售更多知识付费产品，卖出更多高客单价产品
支撑公司运转的工作	开发设计课程、写课件、创作短视频脚本、拍摄剪辑、直播、社群运营、学员答疑、咨询等
当前规模	1 人

表 6-2　一人公司 B 运营现状表

一人公司 B 运营现状	
获利产品	商业咨询、品牌全案设计
主要客户渠道	口碑传播、客户介绍
增长点	提升服务价格，服务优质客户，开发新业务
支撑公司运转的工作	根据项目需求，推进具体工作
当前规模	2 人

1. 一人公司 A 现状分析

上述案例中，一人公司 A 的创业者明显是在超负荷工作，剪辑视频、社群答疑、学员点评等琐碎的工作会占用其大量的时间。另外，如果要保持一人公司的盈利增长，创业者还必须完成直播、拍视频等工作，真正用来给客户和学员交付的时间很有限。长此以往，有可能会引起学员的不满，对自己的口碑、信用造成极大负面影响。

从运营现状来看，一人公司 A 是需要扩充团队的，为了能更好地完成对客户的交付，一人公司 A 的创业者需要招募运营、助教人员，来帮自己分担剪辑、社群答疑等耗时耗力的琐碎事务。

当然，组建团队并不一定是线下团队，只要我们的工作能通过线上沟通、远程协作完成，就可以优先考虑组建线上团队，这样可以省掉一大笔用于租赁办公室、置办办公设备的钱。更多低成本搭建团队的方法，会在下一小节会展开讨论，这里不再继续延伸。

2. 一人公司 B 现状分析

接下来，我们来分析一人公司 B 的情况，一人公司 B 可以通过开发新业务、筛选优质客户的方式来实现盈利增长，结合所处行业的特性，该公司即便在项目饱和、公司自身人力资源不足时，也能通过项目外包、远程协作、组建临时项目团队的方式来补充人力。

因此，目前一人公司 B 是可以不增加固定员工的，但为了一人公司的稳定发展，该公司的创业者需要及时储备好自己的人才资源库，搭建好远程合作团队，以便在公司人力不足，或自己能提供的服务与客户需求不匹配时，快速找到适合的合作伙伴。

总结一下，当一人公司创业者的个人时间被大量琐事占用，自己筋疲力尽，没办法把时间、精力专注在为用户解决实际问题，提升产品质量、服务水平时，我们需要考虑组建团队，增加人手。其他情况下，一人公司可以保持单干或 1～2 人的小团队运转，但要及时储备好远程人才库。

四、低成本运营一家持续获利的公司

一说到创业、创建公司，很多朋友第一时间想到的是办营业执照、租赁办公或营业场地、装修办公室、购买设备、招兵买马等传统企业经营必须完成的流程化工作。

这些流程化工作背后，每一项都意味着成本的支出。**没赚钱，先花钱，创业风险系数陡然加高**，这让很多人不敢轻易去尝试、开创一份属于自己的事业，也让很多已经在创业的朋友感到危机重重、压力倍增。**但如果用一人公司极简创业理念去创业，那前期我们几乎不需要任何成本投入，就可以成功开创一家"公司"**，之后的团队搭建、日常运营，也只需投入较低成本就可以完成。在前面的内容中，我们花大量笔墨探讨了如何通过创建一人公司，开创一份属于自己的事业。本小节我们将从公司日常运营、团队组建、人才资源储备的角度，聊一聊如何低投入、低成本地运营好自己的一人公司。

1. 第一件事不是注册、找办公场地

第一章我们说过，一人公司是一种商业模式和思维方式，一人公司的办公场景很灵活，咖啡馆、书店、家中的书房、卧室都可以成为我们的"办公室"，因此开创一人公司的第一件事不是工商注册、办营业执照、找办公场地，而是尽快找到自己的获利产品，确定自己的商业模式。

之后，为了让一人公司朝专业化、正规化发展，我们可能需要正式注册一家法律意义上的真正的公司，但此时"办公室"依旧不是必选项。因为我们的家庭住址在某些情形下是可以作为公司注册地址的，如果仅仅为了完成工商注册去租赁一间办公室，是非常不值当的。我

们可以把公司注册地址选在家里，把和客户洽谈业务的场景选在任何格调不错的咖啡馆、茶馆。

当然，如果你真的需要一间办公室，那么可以优先考虑房租比较便宜的地方，千万不要为了所谓的"面子"去租赁价格高昂的写字楼。**大部分客户是很务实的，他们更关注你能不能为他们解决问题、创造价值，而不是你的办公室有多豪华。**

2. 学会雇佣软件和专业团队

正式注册公司后，会涉及财务、税务等专业而烦琐的事情，这时有的创业者会考虑招一个财务会计处理这些问题，其实这些问题不需要招人就能解决，我们可以直接找一家专门的财务公司帮忙处理财税方面的问题，省钱、省力又高效。如果你的公司业务比较单一，自己也有一定的财务基础知识，那我们可以借助一些专业的财务软件，自己负责公司的财务工作。

小公司创业控制固定人力开支很重要，我们可以把财税、法务等专业的事情，交给外部专业公司处理；把资料收集、整理、归档等事情，交给 AI 工具或其他专业软件处理，**用雇佣软件、工具代替雇佣人力，这样我们既可以节约开支，又可以省去员工管理的麻烦。**在一人公司的经营过程中，我们可以秉承这样一个理念：寻找更多能高效帮我们解决问题、处理工作的专业团队、办公软件为我们工作，而不是招更多固定员工来公司。

3. 进行业务外包、转介绍

一人公司创业前中期，业务量一般不会特别稳定，这时我们可以先不招聘全职员工。当业务超负荷、工作量过大时，可以把业务外包或转介绍出去。至于外包给谁，我的经验是把业务外包给自由职业者、数字游民或其他一人公司创业者，合作会更加高效、顺畅。因为大家都是内驱力很强、有自我工作意识的独立工作者，只要在开工前确定好彼此的工作内容和对应职责，一般能按时、按质、按量完成工作，工作省心、高效。

要注意的是，外包业务、转介绍时，不要"资本家上身"，在中间狠心压价，克扣小伙伴的报酬。因为他们不仅是我们的临时队友，还可能是我们的合作伙伴、业务员。以我自己的公司为例，因为我们从不在外包、转介绍业务上压价、提点，很多和我们合作过的摄影师、设计师、文案策划，后来都成了我们的"编外合伙人"，愿意主动为我们介绍客户。

4. 优先组建线上团队

经历过被迫居家办公的特殊时期后，大家发现**其实很多工作是可以远程居家办公完成的**。

所以，当我们需要组建固定团队时，也可以优先考虑组建线上团队，这样我们寻找工作伙伴的范围就可以不局限于某个固定区域，**只要有需要，我们可以面向全世界寻找自己的合作伙伴**。除此之外，优先组建线上团队还有以下优势：

1) **用人灵活**

一人公司主理人可以根据自己公司的实际发展情况，招聘全职、兼职员工；也可以在业务需要时，通过灵活雇佣、项目分成等形式组建临时合作团队，用人方式灵活、多变。

2) **可选择面广**

从现实情况来看，很多有能力、有想法的人都不愿意自己被捆绑在某个小公司，因此小公司、小工作室要想在线下找到优秀且稳定的工作伙伴是很困难的。但是线上组队，因为没有特别多条框、制度的限制，反而更容易找到和自己志同道合的优秀伙伴。总而言之，线上组队可以让我们花更少的钱，找到更适合的工作伙伴。

5. 储备自己的人才和资源库

一人公司不需要养太多固定员工，甚至可以没有员工，但是我们不能没有自己的人才和资源库。很多工作靠个人单打独斗是很难完成的，所以我们从一人公司运营的初期，就要学会有意识地积累自己的人才资源和合作资源。

一人公司的第一批人才资源，可以是我们前公司的同事、客户，甚至是前任老板、前任上司。在日常工作、交流中，如果发现他人身上有某项突出的工作能力、闪光点，我们也可以主动一点，先加上对方好友。

以上是一些低投入、低成本运营一人公司的小技巧。当然，公司运营这件事，从来不存在所谓的标准答案，大家可以根据自身的业务需要和实际发展，去灵活经营自己的一人公司，只要把支出控制在合理的范围内即可。记住，你才是自己人生的 CEO，他人的看法仅仅只是看法。